MACH ES ALLEINE

Lernen Klasse 3 | Band -2 | Brüche Und Dezimalstellen

ActivityCrusades

Veröffentlicht von Speedy Publishing Canada Limited

BRÜCHE

Bestimmen Sie, ob die abgebildeten Fraktionen gleich 0, 1/2 oder 1 sind

1) $\dfrac{4}{8}$ 2) $\dfrac{0}{7}$ 3) $\dfrac{0}{6}$ 4) $\dfrac{8}{8}$

5) $\dfrac{9}{18}$ 6) $\dfrac{7}{14}$ 7) $\dfrac{5}{10}$ 8) $\dfrac{5}{5}$

9) $\dfrac{2}{4}$ 10) $\dfrac{6}{6}$ 11) $\dfrac{0}{9}$ 12) $\dfrac{9}{9}$

13) $\dfrac{0}{8}$ 14) $\dfrac{0}{3}$ 15) $\dfrac{4}{4}$ 16) $\dfrac{0}{4}$

17) $\dfrac{3}{3}$ 18) $\dfrac{0}{5}$ 19) $\dfrac{8}{16}$ 20) $\dfrac{2}{2}$

1. _______________
2. _______________
3. _______________
4. _______________
5. _______________
6. _______________
7. _______________
8. _______________
9. _______________
10. _______________
11. _______________
12. _______________
13. _______________
14. _______________
15. _______________
16. _______________
17. _______________
18. _______________
19. _______________
20. _______________

Bestimmen Sie, ob die abgebildeten Fraktionen gleich 0, 1/2 oder 1 sind

1) $\dfrac{2}{4}$　　2) $\dfrac{7}{7}$　　3) $\dfrac{3}{3}$　　4) $\dfrac{9}{9}$

5) $\dfrac{2}{2}$　　6) $\dfrac{0}{9}$　　7) $\dfrac{5}{5}$　　8) $\dfrac{8}{16}$

9) $\dfrac{4}{8}$　　10) $\dfrac{0}{5}$　　11) $\dfrac{3}{6}$　　12) $\dfrac{6}{6}$

13) $\dfrac{0}{2}$　　14) $\dfrac{0}{4}$　　15) $\dfrac{0}{6}$　　16) $\dfrac{7}{14}$

17) $\dfrac{5}{10}$　　18) $\dfrac{4}{4}$　　19) $\dfrac{0}{7}$　　20) $\dfrac{9}{18}$

1. _____________
2. _____________
3. _____________
4. _____________
5. _____________
6. _____________
7. _____________
8. _____________
9. _____________
10. _____________
11. _____________
12. _____________
13. _____________
14. _____________
15. _____________
16. _____________
17. _____________
18. _____________
19. _____________
20. _____________

Bestimmen Sie, ob die abgebildeten Fraktionen gleich 0, 1/2 oder 1 sind

1) $\dfrac{0}{4}$ 2) $\dfrac{3}{3}$ 3) $\dfrac{7}{14}$ 4) $\dfrac{8}{8}$

5) $\dfrac{0}{6}$ 6) $\dfrac{4}{4}$ 7) $\dfrac{0}{8}$ 8) $\dfrac{8}{16}$

9) $\dfrac{0}{2}$ 10) $\dfrac{2}{4}$ 11) $\dfrac{6}{6}$ 12) $\dfrac{0}{7}$

13) $\dfrac{3}{6}$ 14) $\dfrac{9}{9}$ 15) $\dfrac{5}{10}$ 16) $\dfrac{6}{12}$

17) $\dfrac{0}{5}$ 18) $\dfrac{7}{7}$ 19) $\dfrac{2}{2}$ 20) $\dfrac{9}{18}$

1. __________
2. __________
3. __________
4. __________
5. __________
6. __________
7. __________
8. __________
9. __________
10. __________
11. __________
12. __________
13. __________
14. __________
15. __________
16. __________
17. __________
18. __________
19. __________
20. __________

1) $\dfrac{6}{12}$ 2) $\dfrac{9}{9}$ 3) $\dfrac{7}{7}$ 4) $\dfrac{0}{8}$

5) $\dfrac{8}{16}$ 6) $\dfrac{0}{6}$ 7) $\dfrac{0}{7}$ 8) $\dfrac{5}{5}$

9) $\dfrac{0}{4}$ 10) $\dfrac{8}{8}$ 11) $\dfrac{3}{3}$ 12) $\dfrac{5}{10}$

13) $\dfrac{0}{9}$ 14) $\dfrac{3}{6}$ 15) $\dfrac{0}{2}$ 16) $\dfrac{6}{6}$

17) $\dfrac{7}{14}$ 18) $\dfrac{0}{3}$ 19) $\dfrac{4}{8}$ 20) $\dfrac{9}{18}$

1. __________
2. __________
3. __________
4. __________
5. __________
6. __________
7. __________
8. __________
9. __________
10. __________
11. __________
12. __________
13. __________
14. __________
15. __________
16. __________
17. __________
18. __________
19. __________
20. __________

Bestimmen Sie, ob die abgebildeten Fraktionen gleich 0, 1/2 oder 1 sind

1) $\dfrac{4}{8}$

2) $\dfrac{5}{5}$

3) $\dfrac{9}{9}$

4) $\dfrac{7}{7}$

5) $\dfrac{0}{6}$

6) $\dfrac{9}{18}$

7) $\dfrac{0}{4}$

8) $\dfrac{8}{16}$

9) $\dfrac{3}{3}$

10) $\dfrac{5}{10}$

11) $\dfrac{2}{2}$

12) $\dfrac{7}{14}$

13) $\dfrac{6}{6}$

14) $\dfrac{0}{9}$

15) $\dfrac{6}{12}$

16) $\dfrac{0}{8}$

17) $\dfrac{4}{4}$

18) $\dfrac{0}{3}$

19) $\dfrac{0}{5}$

20) $\dfrac{3}{6}$

1. __________
2. __________
3. __________
4. __________
5. __________
6. __________
7. __________
8. __________
9. __________
10. __________
11. __________
12. __________
13. __________
14. __________
15. __________
16. __________
17. __________
18. __________
19. __________
20. __________

1) $\dfrac{3}{6}$

2) $\dfrac{0}{5}$

3) $\dfrac{0}{7}$

4) $\dfrac{8}{16}$

5) $\dfrac{9}{18}$

6) $\dfrac{4}{4}$

7) $\dfrac{8}{8}$

8) $\dfrac{6}{12}$

9) $\dfrac{5}{10}$

10) $\dfrac{7}{14}$

11) $\dfrac{5}{5}$

12) $\dfrac{3}{3}$

13) $\dfrac{0}{4}$

14) $\dfrac{2}{4}$

15) $\dfrac{0}{2}$

16) $\dfrac{0}{8}$

17) $\dfrac{9}{9}$

18) $\dfrac{6}{6}$

19) $\dfrac{0}{9}$

20) $\dfrac{7}{7}$

1. _______
2. _______
3. _______
4. _______
5. _______
6. _______
7. _______
8. _______
9. _______
10. _______
11. _______
12. _______
13. _______
14. _______
15. _______
16. _______
17. _______
18. _______
19. _______
20. _______

Bestimmen Sie, ob die abgebildeten Fraktionen gleich 0, 1/2 oder 1 sind

1) $\dfrac{2}{4}$

2) $\dfrac{0}{2}$

3) $\dfrac{0}{7}$

4) $\dfrac{4}{4}$

5) $\dfrac{5}{10}$

6) $\dfrac{0}{3}$

7) $\dfrac{7}{14}$

8) $\dfrac{5}{5}$

9) $\dfrac{9}{9}$

10) $\dfrac{0}{9}$

11) $\dfrac{0}{5}$

12) $\dfrac{2}{2}$

13) $\dfrac{6}{6}$

14) $\dfrac{3}{6}$

15) $\dfrac{8}{8}$

16) $\dfrac{9}{18}$

17) $\dfrac{0}{4}$

18) $\dfrac{3}{3}$

19) $\dfrac{8}{16}$

20) $\dfrac{6}{12}$

1. _______________
2. _______________
3. _______________
4. _______________
5. _______________
6. _______________
7. _______________
8. _______________
9. _______________
10. _______________
11. _______________
12. _______________
13. _______________
14. _______________
15. _______________
16. _______________
17. _______________
18. _______________
19. _______________
20. _______________

Bestimmen Sie, ob die abgebildeten Fraktionen gleich 0, 1/2 oder 1 sind

1) $\dfrac{0}{6}$ 2) $\dfrac{0}{8}$ 3) $\dfrac{3}{6}$ 4) $\dfrac{8}{8}$

5) $\dfrac{4}{8}$ 6) $\dfrac{9}{18}$ 7) $\dfrac{4}{4}$ 8) $\dfrac{8}{16}$

9) $\dfrac{2}{2}$ 10) $\dfrac{6}{6}$ 11) $\dfrac{5}{10}$ 12) $\dfrac{0}{4}$

13) $\dfrac{5}{5}$ 14) $\dfrac{0}{9}$ 15) $\dfrac{0}{3}$ 16) $\dfrac{2}{4}$

17) $\dfrac{7}{7}$ 18) $\dfrac{0}{7}$ 19) $\dfrac{6}{12}$ 20) $\dfrac{0}{2}$

1. __________
2. __________
3. __________
4. __________
5. __________
6. __________
7. __________
8. __________
9. __________
10. __________
11. __________
12. __________
13. __________
14. __________
15. __________
16. __________
17. __________
18. __________
19. __________
20. __________

Bestimmen Sie, ob die abgebildeten Fraktionen gleich 0, 1/2 oder 1 sind

1) $\dfrac{0}{6}$ 2) $\dfrac{6}{12}$ 3) $\dfrac{0}{7}$ 4) $\dfrac{3}{6}$

5) $\dfrac{0}{2}$ 6) $\dfrac{6}{6}$ 7) $\dfrac{4}{4}$ 8) $\dfrac{9}{18}$

9) $\dfrac{7}{14}$ 10) $\dfrac{9}{9}$ 11) $\dfrac{8}{16}$ 12) $\dfrac{3}{3}$

13) $\dfrac{0}{5}$ 14) $\dfrac{5}{10}$ 15) $\dfrac{7}{7}$ 16) $\dfrac{0}{8}$

17) $\dfrac{0}{3}$ 18) $\dfrac{0}{4}$ 19) $\dfrac{5}{5}$ 20) $\dfrac{4}{8}$

1. __________
2. __________
3. __________
4. __________
5. __________
6. __________
7. __________
8. __________
9. __________
10. __________
11. __________
12. __________
13. __________
14. __________
15. __________
16. __________
17. __________
18. __________
19. __________
20. __________

1) $\dfrac{6}{12}$

2) $\dfrac{7}{7}$

3) $\dfrac{0}{7}$

4) $\dfrac{8}{8}$

5) $\dfrac{6}{6}$

6) $\dfrac{0}{8}$

7) $\dfrac{2}{4}$

8) $\dfrac{0}{2}$

9) $\dfrac{3}{6}$

10) $\dfrac{0}{4}$

11) $\dfrac{0}{5}$

12) $\dfrac{5}{10}$

13) $\dfrac{5}{5}$

14) $\dfrac{0}{3}$

15) $\dfrac{3}{3}$

16) $\dfrac{8}{16}$

17) $\dfrac{9}{9}$

18) $\dfrac{4}{4}$

19) $\dfrac{9}{18}$

20) $\dfrac{0}{6}$

1. __________
2. __________
3. __________
4. __________
5. __________
6. __________
7. __________
8. __________
9. __________
10. __________
11. __________
12. __________
13. __________
14. __________
15. __________
16. __________
17. __________
18. __________
19. __________
20. __________

Bestimmen Sie, welche Auswahl (an) die Partition zeigt, so dass jedes Stück gleich groß ist. Wenn keine, schreibe 'none'

1) A. 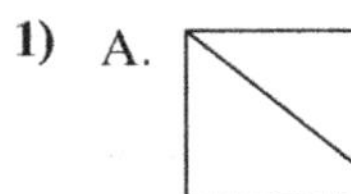 B. C. D. 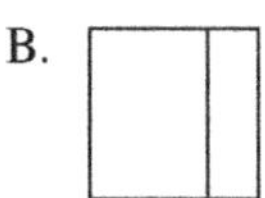

2) A. 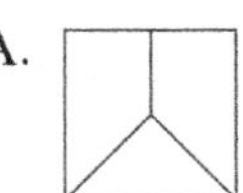 B. C. D. 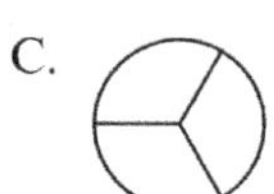

3) A. 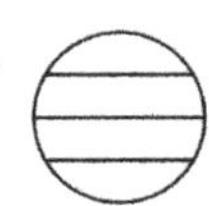 B. C. D. 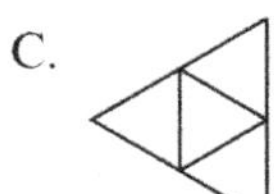 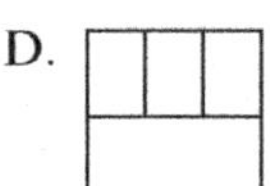

4) A. 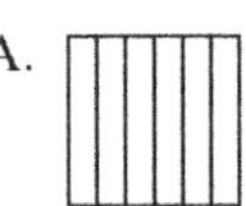 B. C. D.  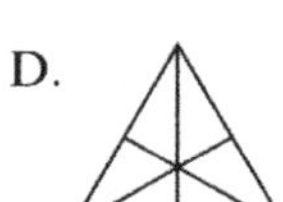

5) A. 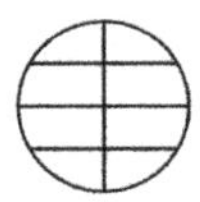 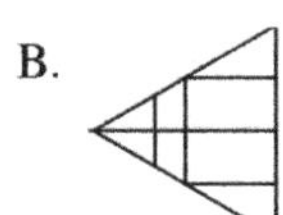 B. C. 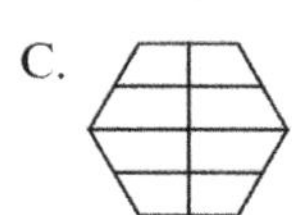 D. 

6) A.  B. C. D. 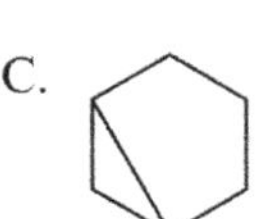

7) A.  B. C. D. 

8) A. 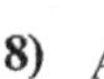 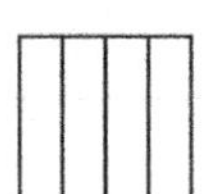 B. 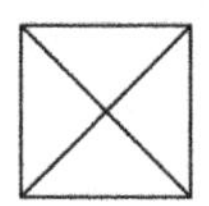 C.  D. 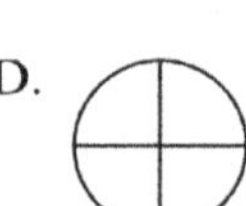

1. _______
2. _______
3. _______
4. _______
5. _______
6. _______
7. _______
8. _______

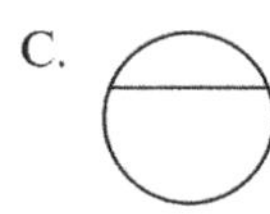
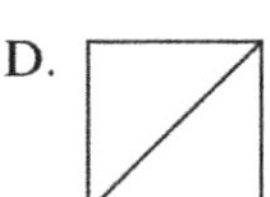

Bestimmen Sie, welche Auswahl (an) die Partition zeigt, so dass jedes Stück gleich groß ist. Wenn keine, schreibe 'none'

1) A. 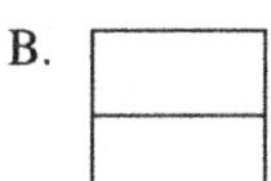 B.  C.  D.

2) A.  B. 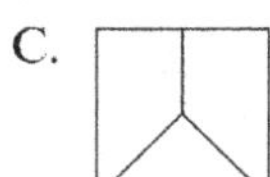 C.   D.

3) A. 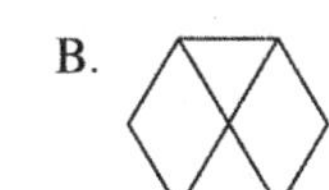 B.   C.   D.

4) A.  B. 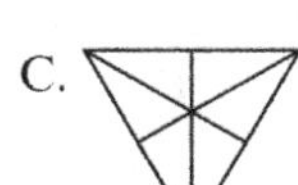 C.   D.

5) A. 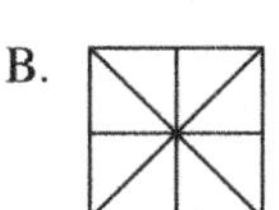 B. 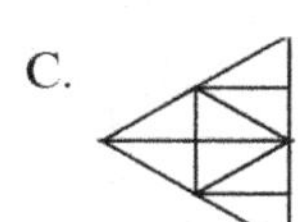 C.  D.

6) A.  B. 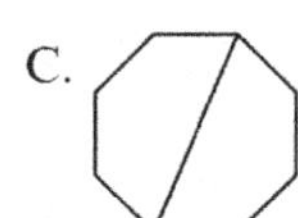 C. 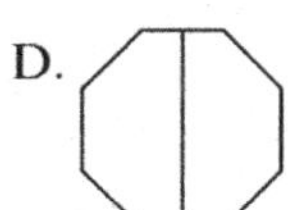 D.

7) A. 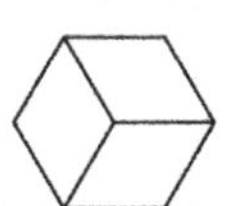 B.   C. 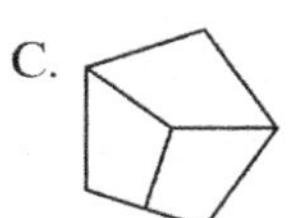 D.

8) A.  B.  C. 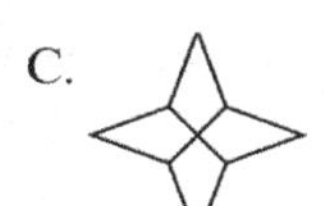 D.

1. ______________
2. ______________
3. ______________
4. ______________
5. ______________
6. ______________
7. ______________
8. ______________

Bestimmen Sie, welche Auswahl (an) die Partition zeigt, so dass jedes Stück gleich groß ist. Wenn keine, schreibe 'none'

1)   A. 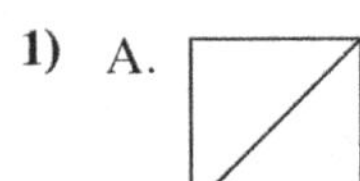   B. 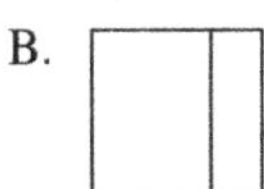   C.    D. 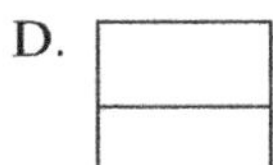

2)   A.   B. 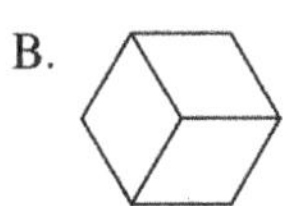   C. 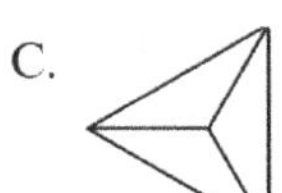   D.

3)   A. 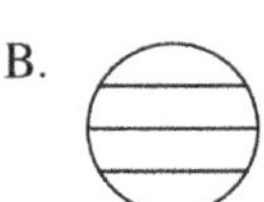   B.   C.   D.

4)   A. 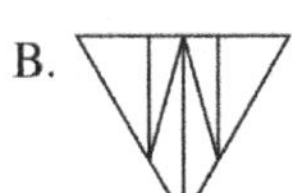   B.    C.    D.

5)   A.    B. 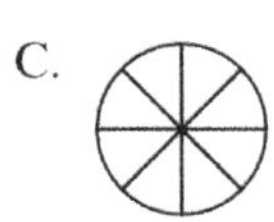   C.    D.

6) 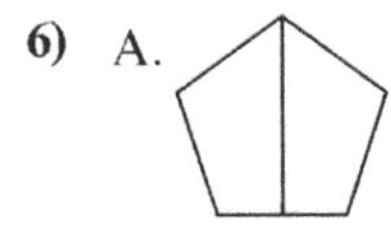   A. 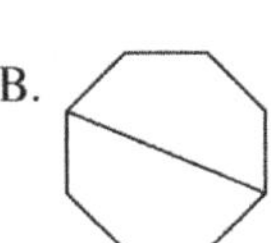   B. 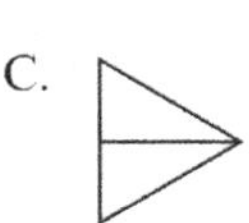   C. 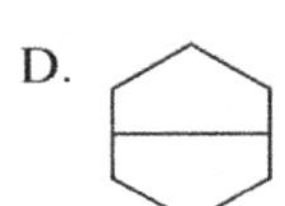   D.

7) 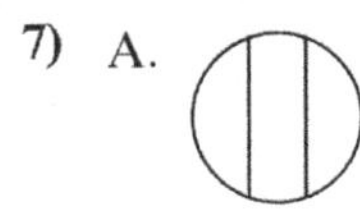   A. 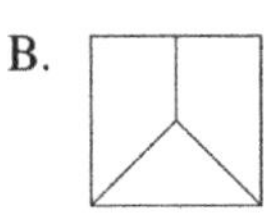   B.    C.    D.

8) 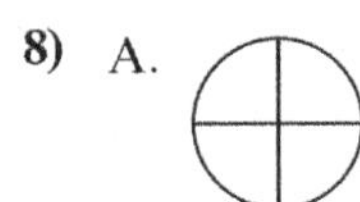   A.    B.    C.   D.

1. _______________
2. _______________
3. _______________
4. _______________
5. _______________
6. _______________
7. _______________
8. _______________

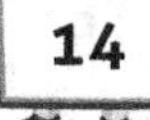

Bestimmen Sie, welche Auswahl (an) die Partition zeigt, so dass jedes Stück gleich groß ist. Wenn keine, schreibe 'none'

1) A. 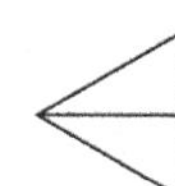 B. 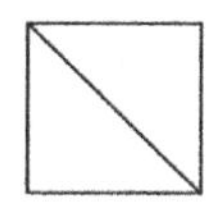 C. 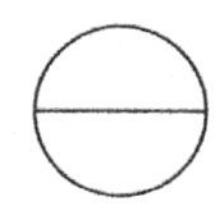 D. 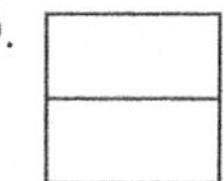

2) A. 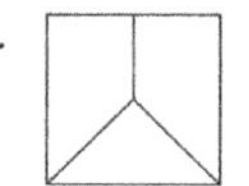 B. C. D.

3) A.  B. 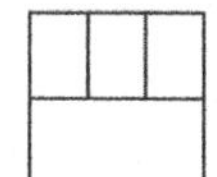 C. 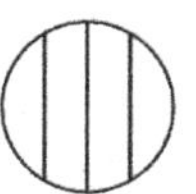 D. 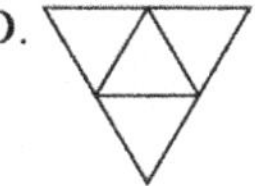

4) A.  B.  C. 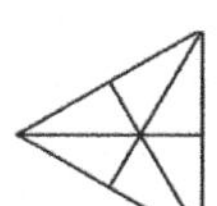 D. 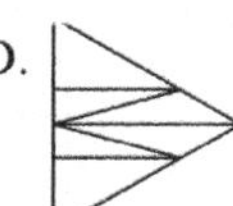

5) A.  B. 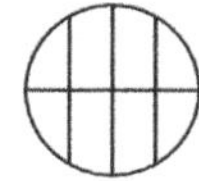 C.  D. 

6) A.  B. 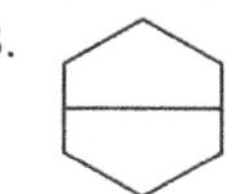 C. 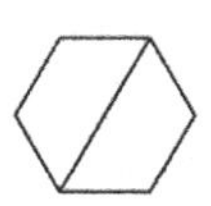 D. 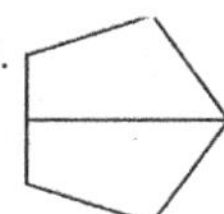

7) A.  B.  C. 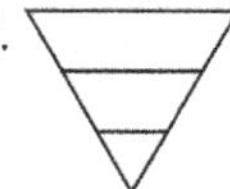 D. 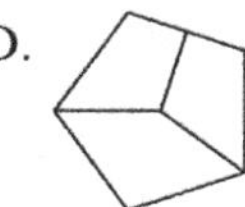

8) A.  B.  C. 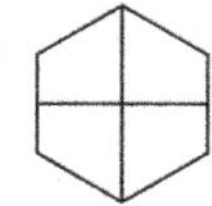 D. 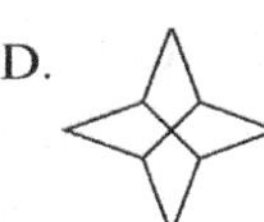

1. _______________
2. _______________
3. _______________
4. _______________
5. _______________
6. _______________
7. _______________
8. _______________

Bestimmen Sie, welche Auswahl (an) die Partition zeigt, so dass jedes Stück gleich groß ist. Wenn keine, schreibe 'none'

1) A. 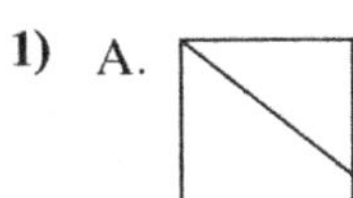   B.    C. 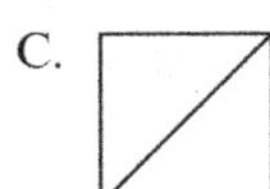   D. 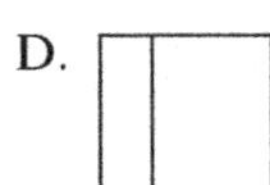

2) A. 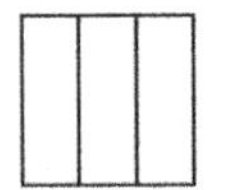   B.    C.    D. 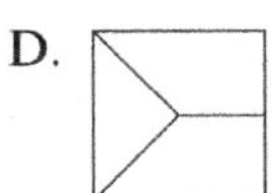

3) A. 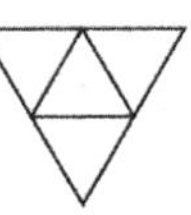   B. 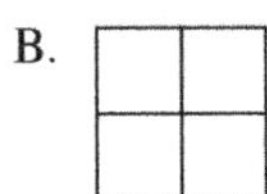   C.    D. 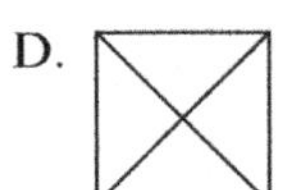

4) A.    B. 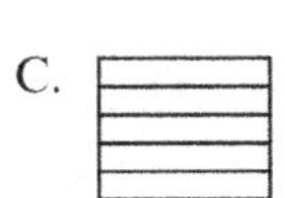   C. 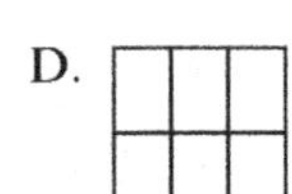   D.

5) A. 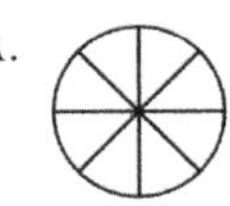   B. 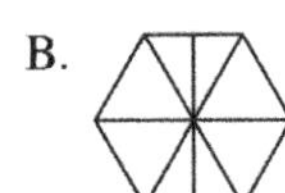   C. 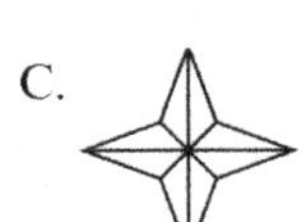   D. 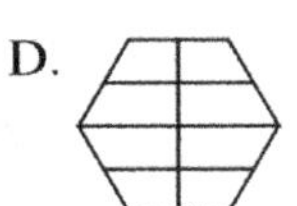

6) A.    B. 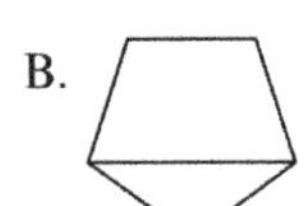   C.    D. 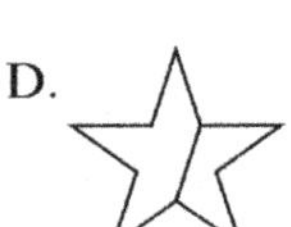

7) A. 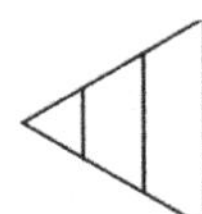   B.   C.    D. 

8) A. 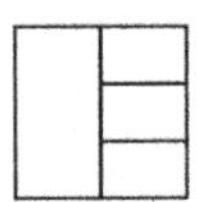   B.   C. 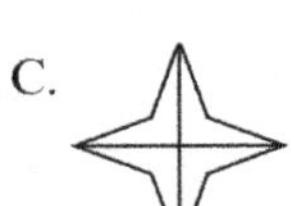   D.

1. _______

2. _______

3. _______

4. _______

5. _______

6. _______

7. _______

8. _______

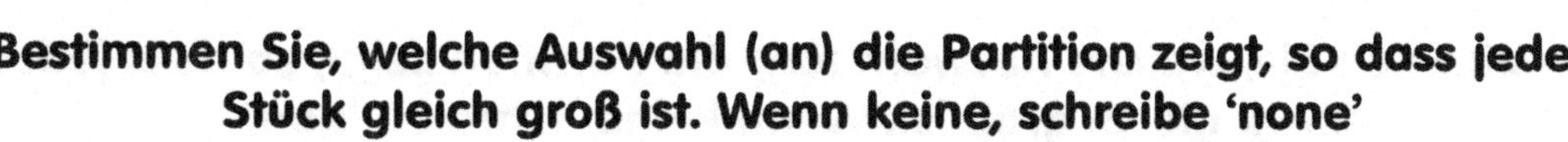

Bestimmen Sie, welche Auswahl (an) die Partition zeigt, so dass jedes Stück gleich groß ist. Wenn keine, schreibe 'none'

1)   A. 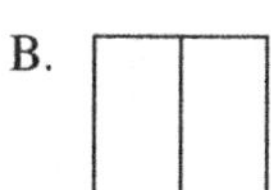   B. 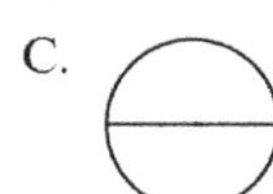   C.    D.

2)   A. 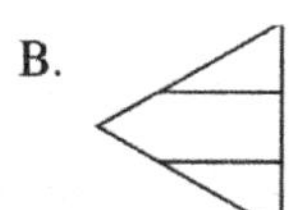   B. 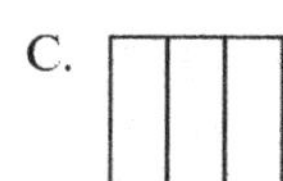   C.   D.

3)   A. 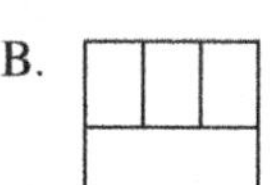   B. 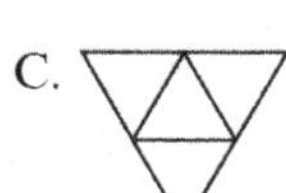   C.   D.

4)   A.  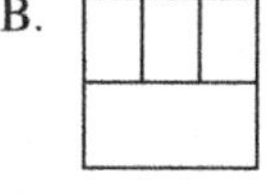   B. 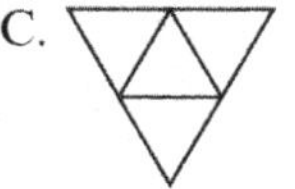   C. 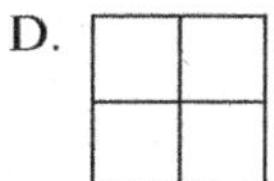   D.

5)   A.    B. 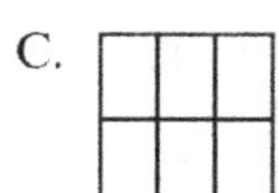   C. 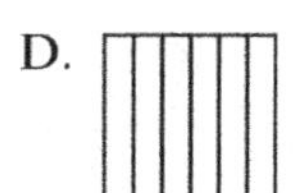   D.

6)   A. 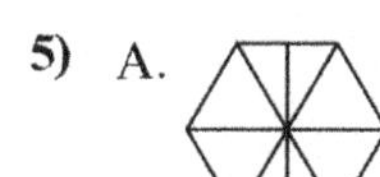    B. 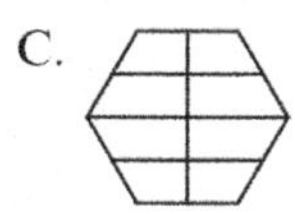   C. 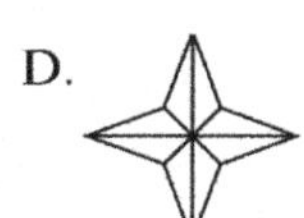   D.

7)   A.  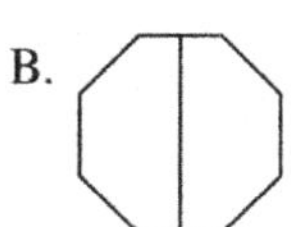   B. 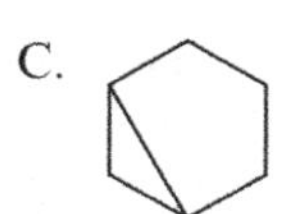   C. 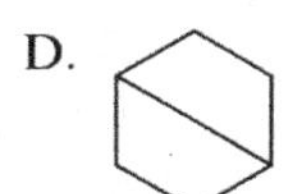   D.

8)   A. 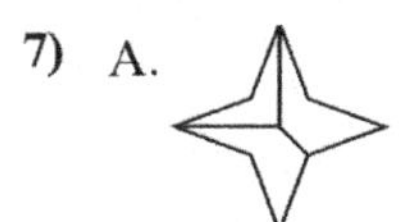 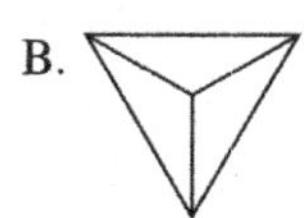   B. 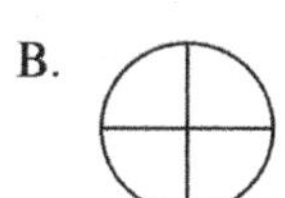   C.    D.

1. _______________

2. _______________

3. _______________

4. _______________

5. _______________

6. _______________

7. _______________

8. _______________

Bestimmen Sie, welche Auswahl (an) die Partition zeigt, so dass jedes Stück gleich groß ist. Wenn keine, schreibe 'none'

1) A. 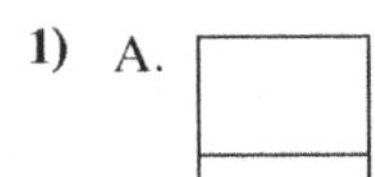   B. 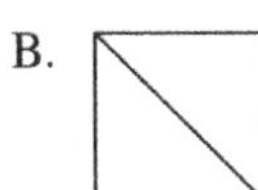   C.    D. 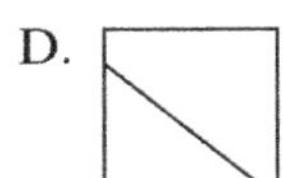

2) A. 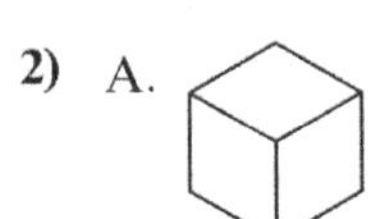   B. 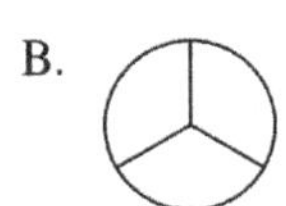   C. 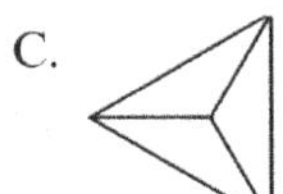   D. 

3) A.    B. 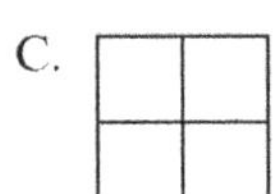   C.    D. 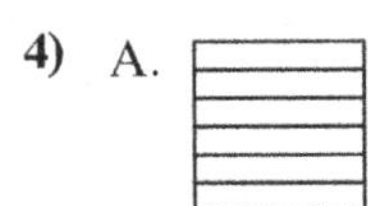

4) A.    B. 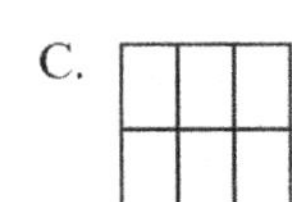   C.    D. 

5) A.    B. 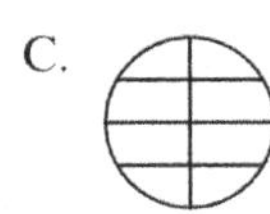   C. 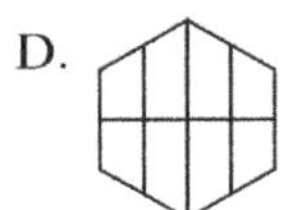   D. 

6) A. 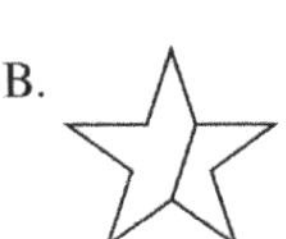   B. 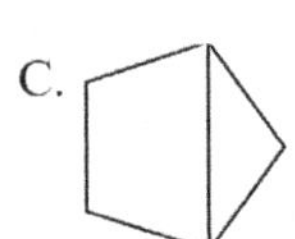   C. 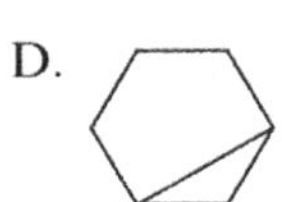   D. 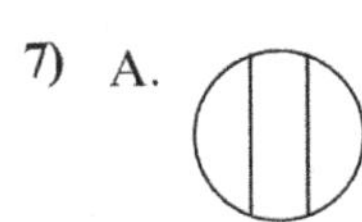

7) A.    B. 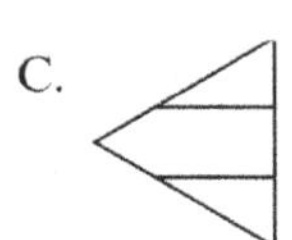   C.    D. 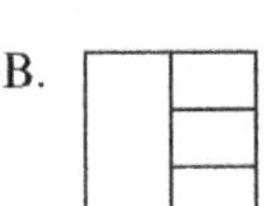

8) A. 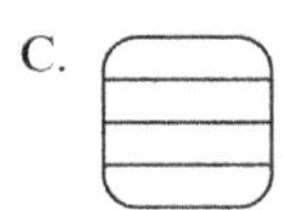   B.   C.   D.

1. _______________
2. _______________
3. _______________
4. _______________
5. _______________
6. _______________
7. _______________
8. _______________

Bestimmen Sie, welche Auswahl (an) die Partition zeigt, so dass jedes Stück gleich groß ist. Wenn keine, schreibe 'none'

1) A. 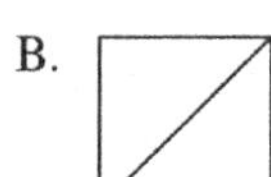 B. 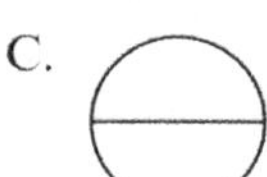 C. 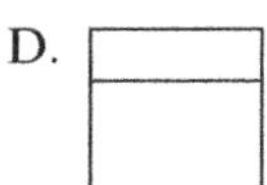 D.

2) A. 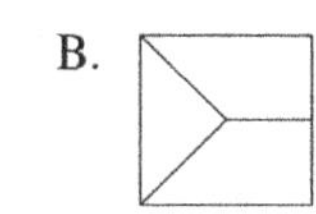 B. 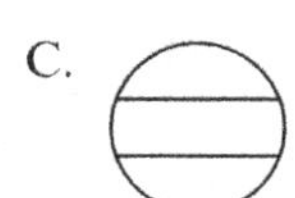 C. 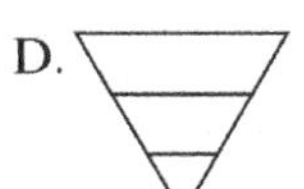 D.

3) A. 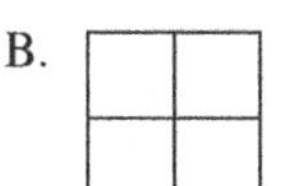 B.  C. 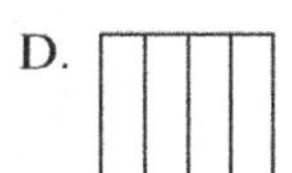 D.

4) A.  B.  C.  D.

5) A. 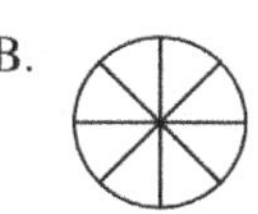 B.  C.  D.

6) A. 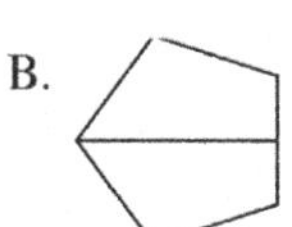 B. 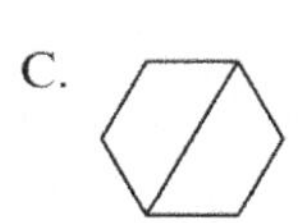 C. 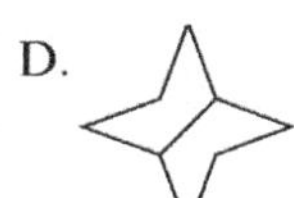 D.

7) A.  B. 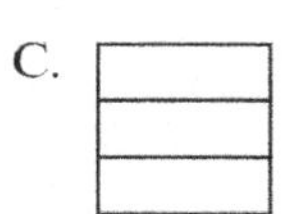 C. 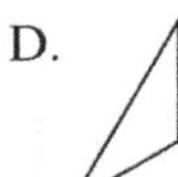 D.

8) A.  B.  C. 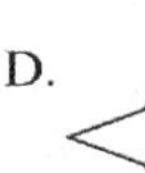 D.

1. _______________

2. _______________

3. _______________

4. _______________

5. _______________

6. _______________

7. _______________

8. _______________

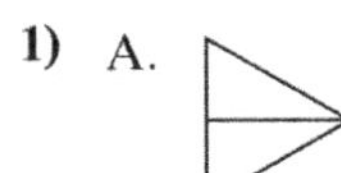

Bestimmen Sie, welche Auswahl (an) die Partition zeigt, so dass jedes Stück gleich groß ist. Wenn keine, schreibe 'none'

1) A.    B. 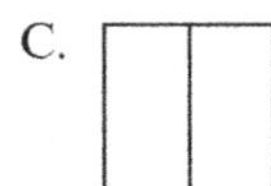   C.   D. 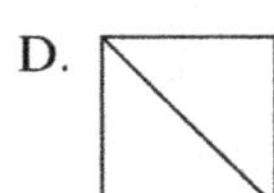

2) A.   B.   C.   D. 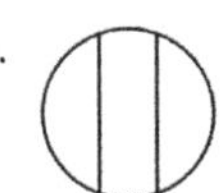

3) A.   B.   C.   D. 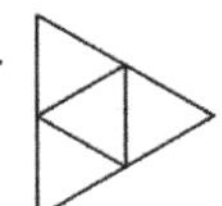

4) A.   B.   C.   D. 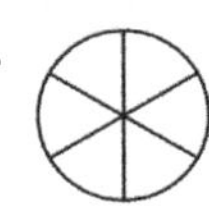

5) A. 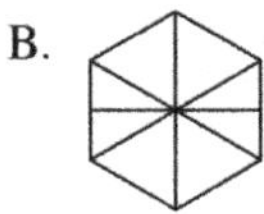   B. 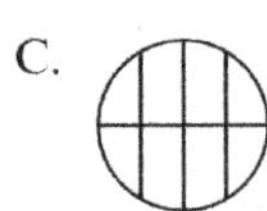   C.   D. 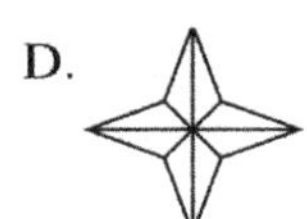

6) A.    B. 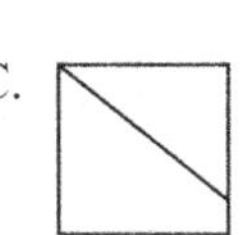   C.   D.

7) A. 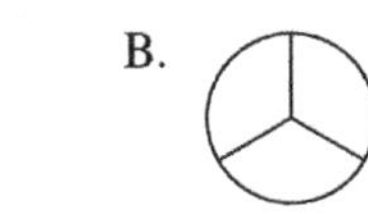   B.   C.   D.

8) A.    B.   C.   D.

1. _______
2. _______
3. _______
4. _______
5. _______
6. _______
7. _______
8. _______

Bestimmen Sie, welche Auswahl (an) die Partition zeigt, so dass jedes Stück gleich groß ist. Wenn keine, schreibe 'none'

1) A. 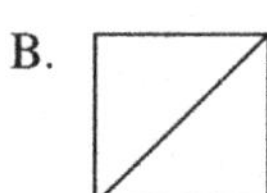   B. 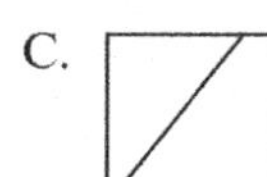   C. 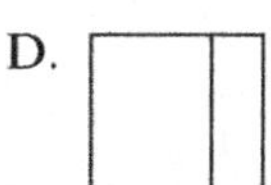   D.

2) A. 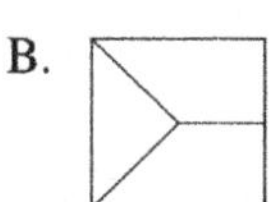   B. 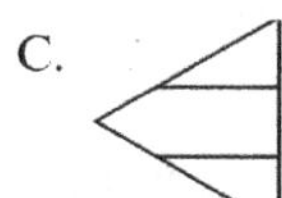   C.    D.

3) A.    B.    C. 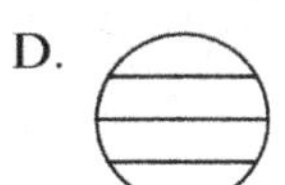   D.

4) A.    B.    C. 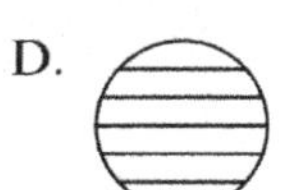   D.

5) A.    B. 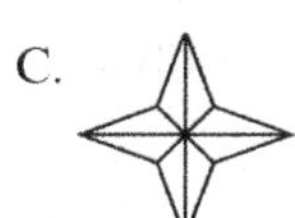   C. 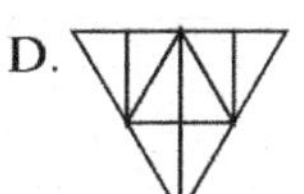   D.

6) A. 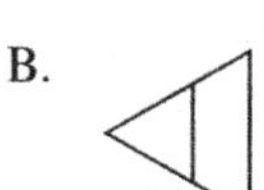   B.    C.    D.

7) A. 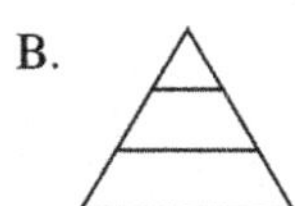   B. 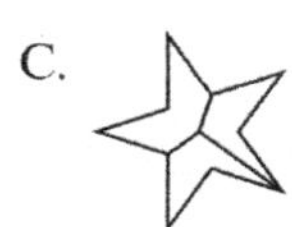   C.    D.

8) A. 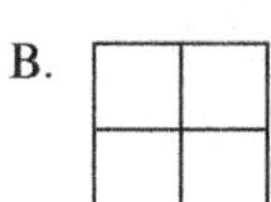   B.    C. 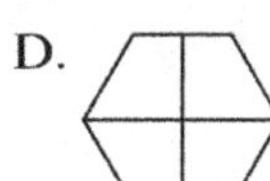   D.

1. _______________
2. _______________
3. _______________
4. _______________
5. _______________
6. _______________
7. _______________
8. _______________

Schreiben Sie die schattierte Menge als Bruchteil der Gesamtmenge

1) 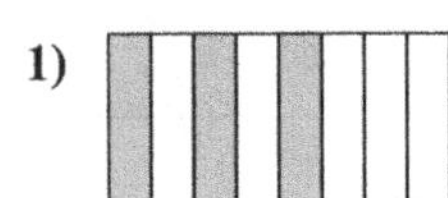

2) 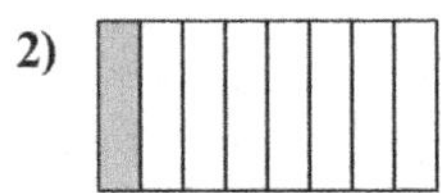

3) 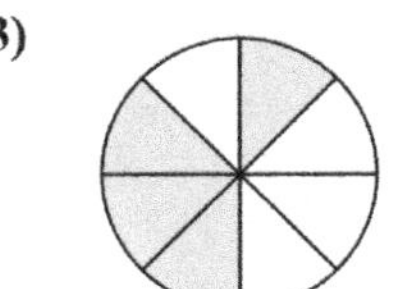

4)

5)

6)

7)

8)

9)

10)

11)

12) 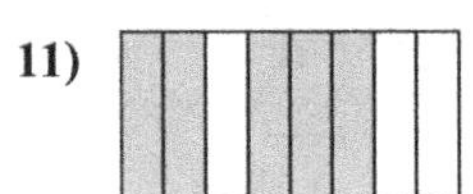

13)

14) 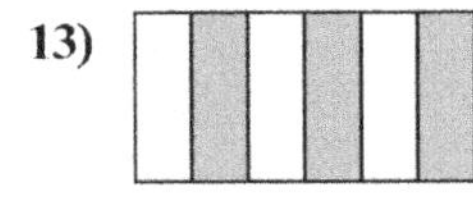

15) 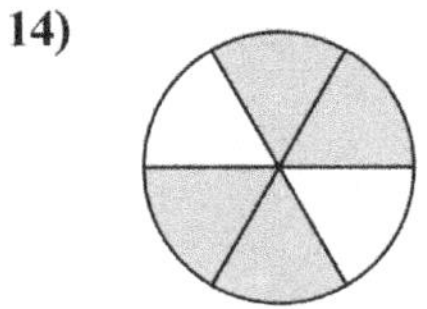

16)

17) 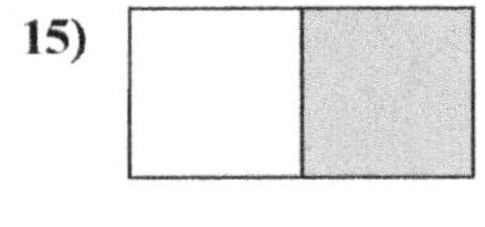

18)

1. _______________

2. _______________

3. _______________

4. _______________

5. _______________

6. _______________

7. _______________

8. _______________

9. _______________

10. _______________

11. _______________

12. _______________

13. _______________

14. _______________

15. _______________

16. _______________

17. _______________

18. _______________

Schreiben Sie die schattierte Menge als Bruchteil der Gesamtmenge

1) 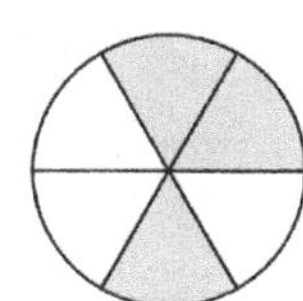

2) 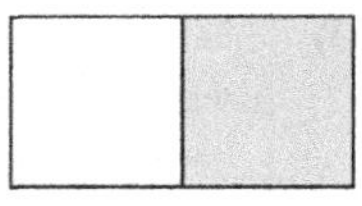

3) 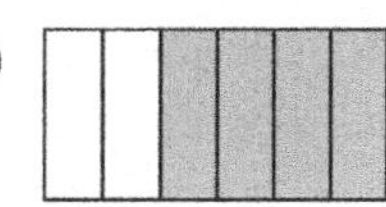

4) 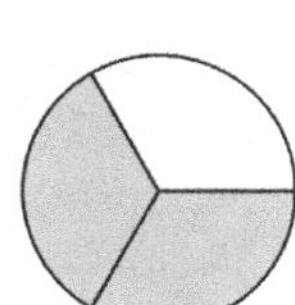

5) 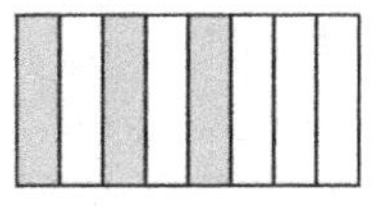

6) 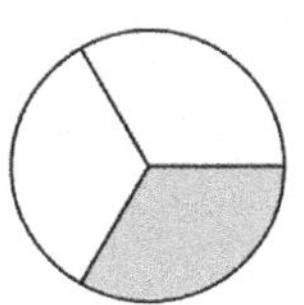

7) 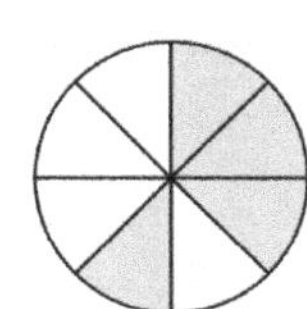

8) 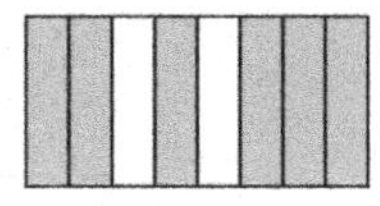

9) 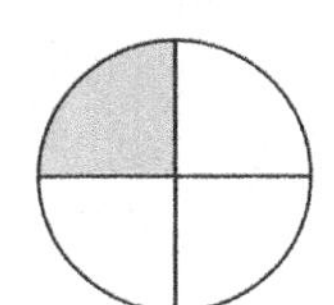

10) 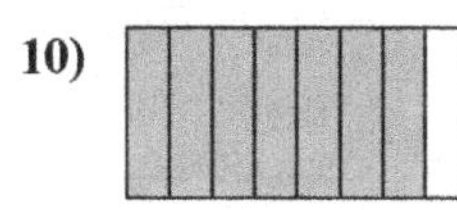

11) 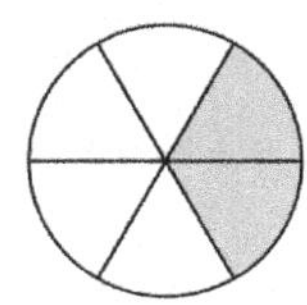

12) 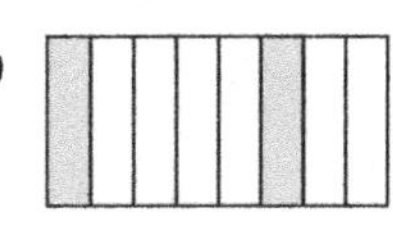

13) 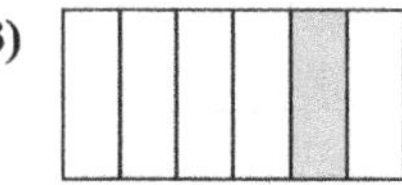

14) 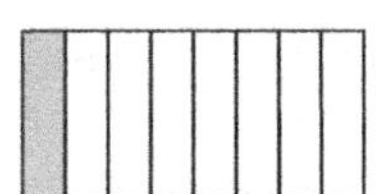

15) 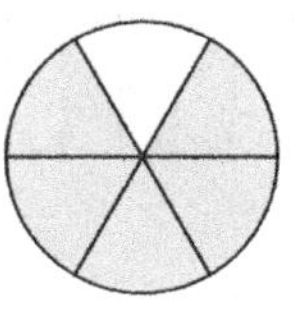

16) 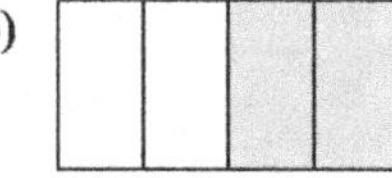

17) 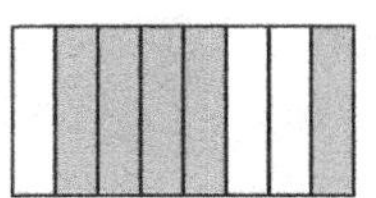

18) 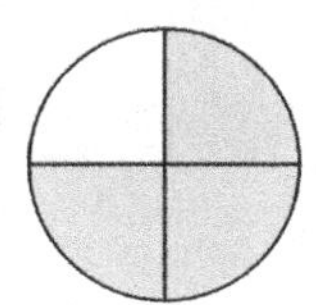

1. __________

2. __________

3. __________

4. __________

5. __________

6. __________

7. __________

8. __________

9. __________

10. __________

11. __________

12. __________

13. __________

14. __________

15. __________

16. __________

17. __________

18. __________

Schreiben Sie die schattierte Menge als Bruchteil der Gesamtmenge

1) 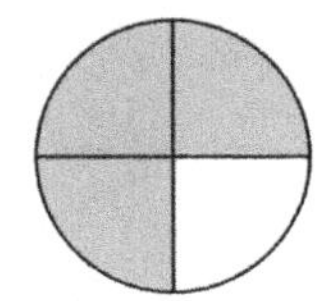

2) 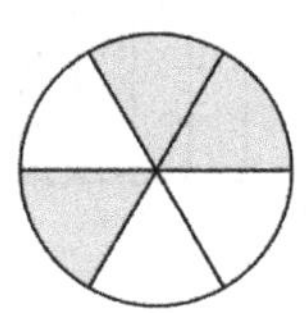

3) 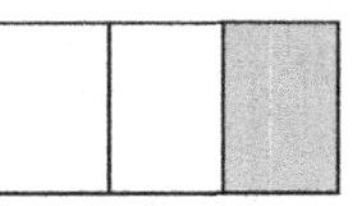

4) 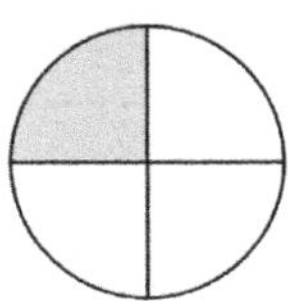

5) 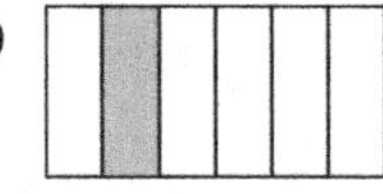

6) 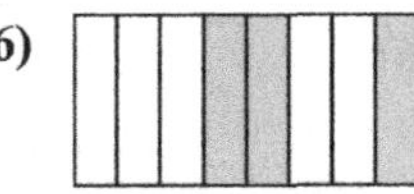

7) 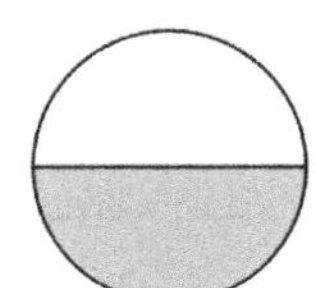

8) 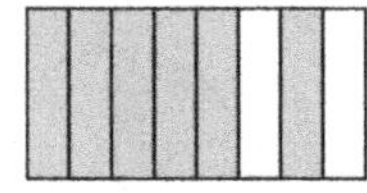

9) 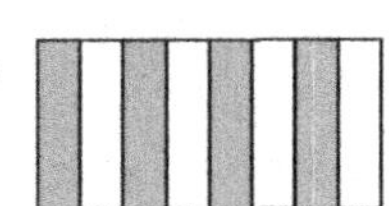

10) 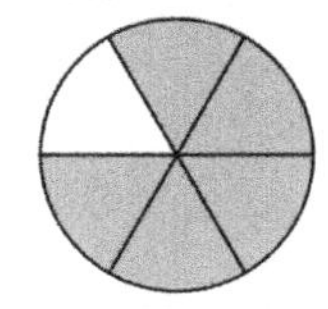

11) 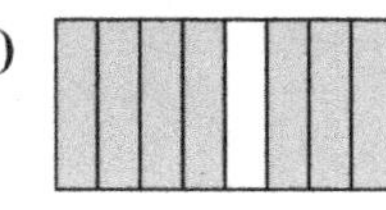

12) 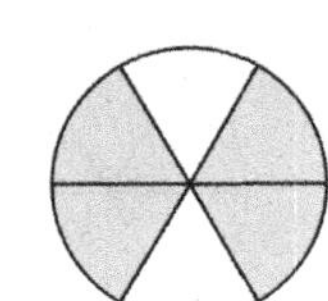

13) 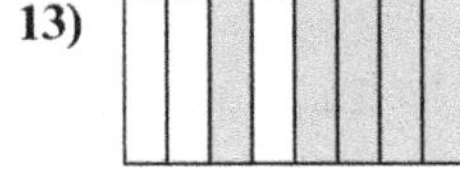

14) 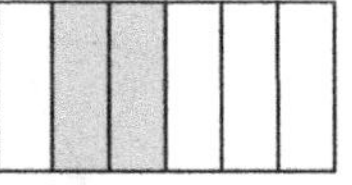

15) 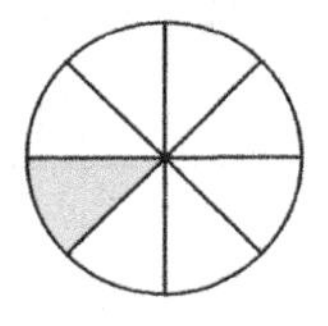

16) 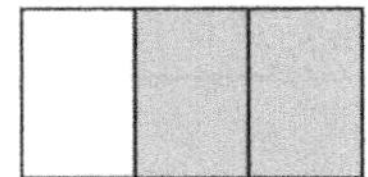

17) 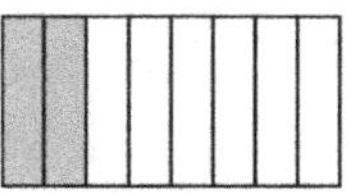

18) 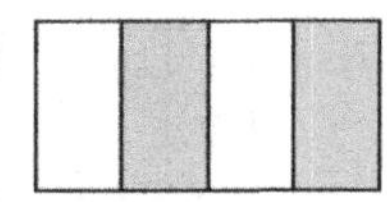

1. _______________

2. _______________

3. _______________

4. _______________

5. _______________

6. _______________

7. _______________

8. _______________

9. _______________

10. _______________

11. _______________

12. _______________

13. _______________

14. _______________

15. _______________

16. _______________

17. _______________

18. _______________

Schreiben Sie die schattierte Menge als Bruchteil der Gesamtmenge

1) 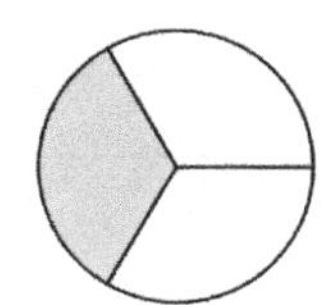

2) 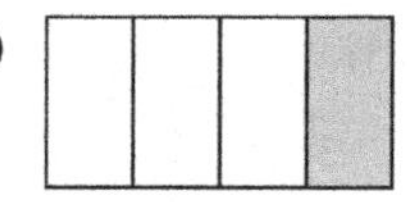

3) 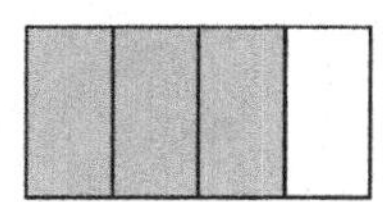

4) 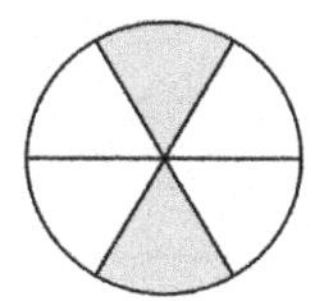

5) 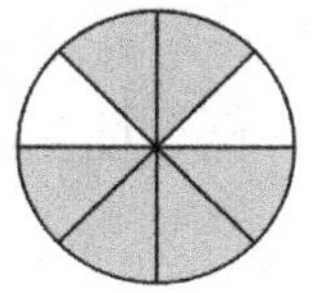

6) 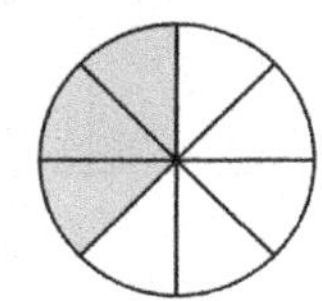

7) 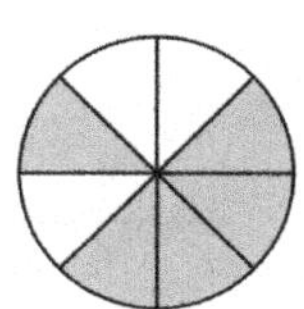

8) 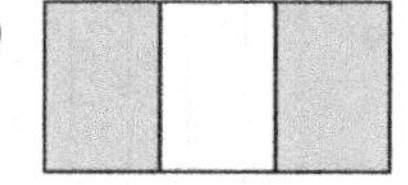

9) 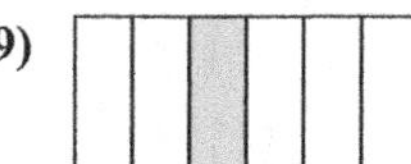

10) 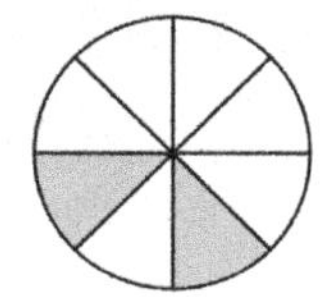

11) 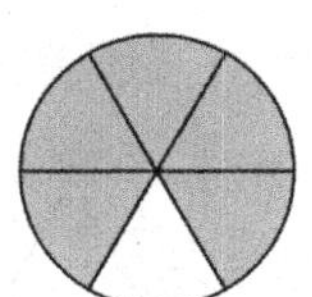

12) 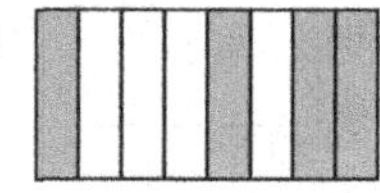

13) 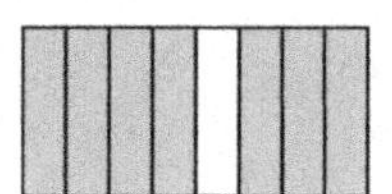

14) 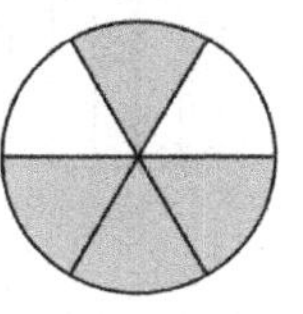

15) 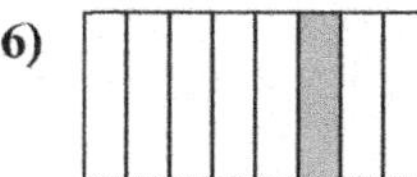

16) 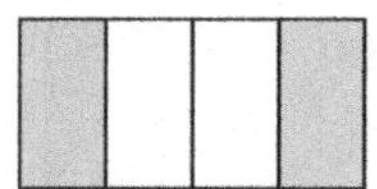

17) 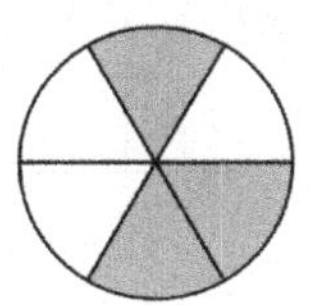

18)

1. _______________

2. _______________

3. _______________

4. _______________

5. _______________

6. _______________

7. _______________

8. _______________

9. _______________

10. _______________

11. _______________

12. _______________

13. _______________

14. _______________

15. _______________

16. _______________

17. _______________

18. _______________

Schreiben Sie die schattierte Menge als Bruchteil der Gesamtmenge

25

1) 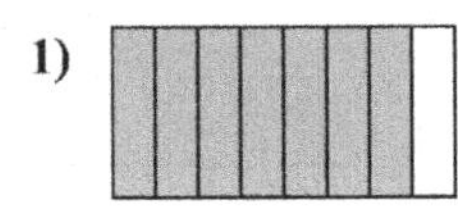

2) 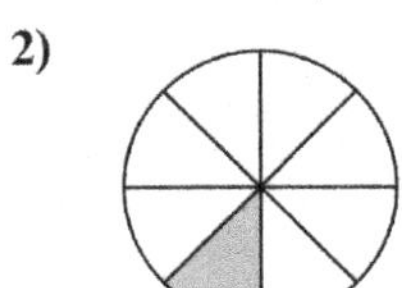

3) 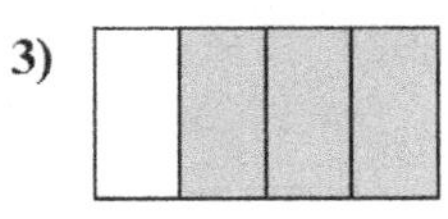

4) 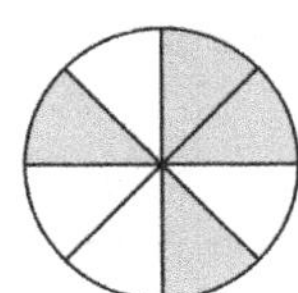

5) 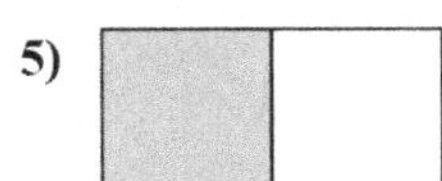

6) 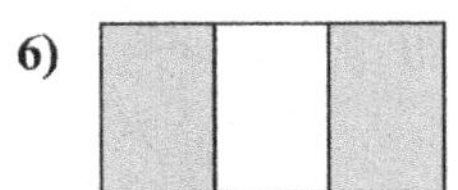

7) 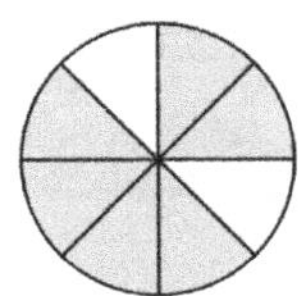

8) 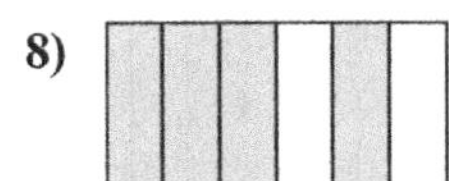

9) 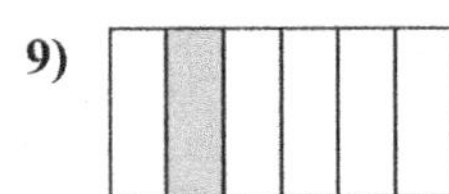

10) 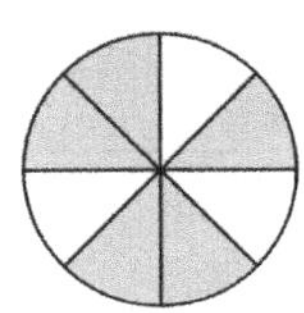

11) 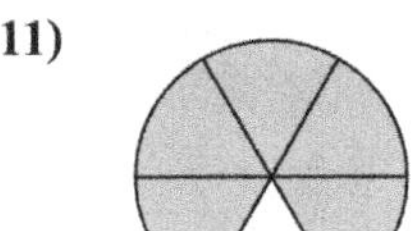

12) 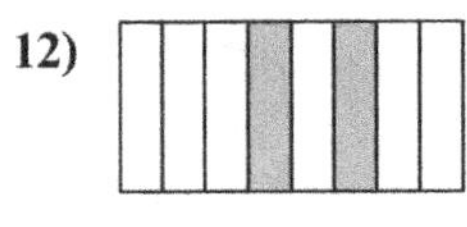

13) 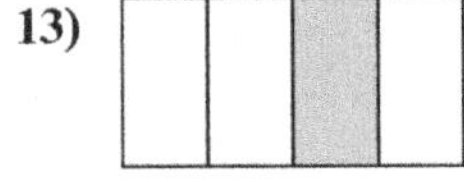

14) 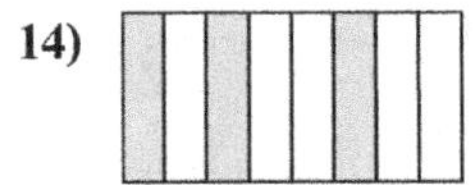

15) 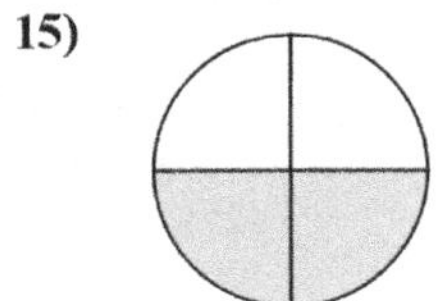

16) 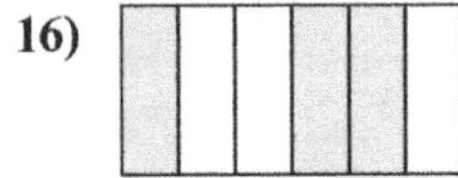

17) 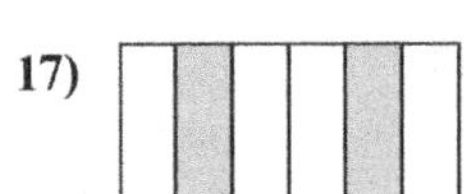

18) 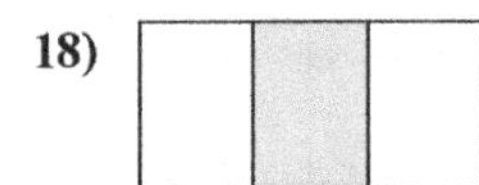

1. __________
2. __________
3. __________
4. __________
5. __________
6. __________
7. __________
8. __________
9. __________
10. __________
11. __________
12. __________
13. __________
14. __________
15. __________
16. __________
17. __________
18. __________

Schreiben Sie die schattierte Menge als Bruchteil der Gesamtmenge

1) 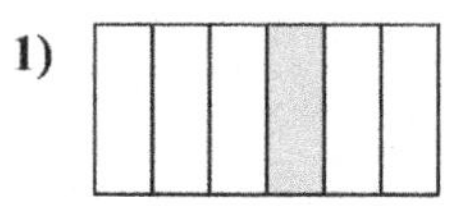

2) 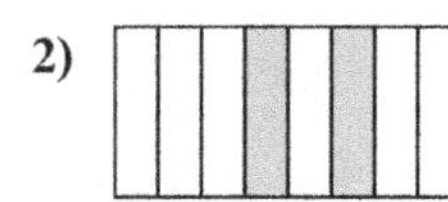

3) 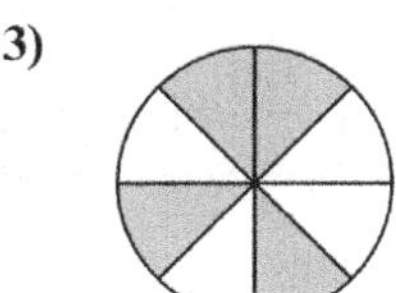

4) 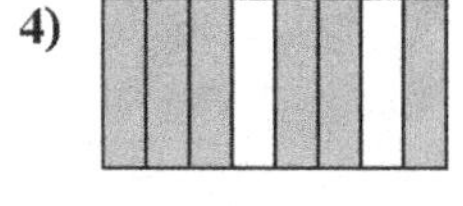

5) 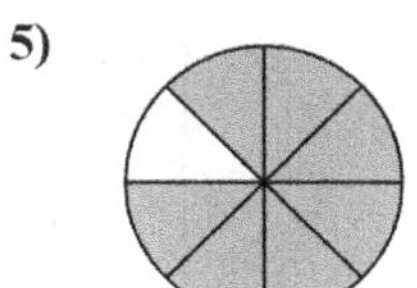

6)

7) 

8) 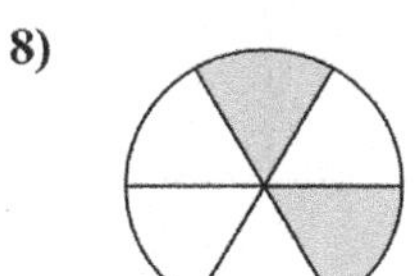

9) 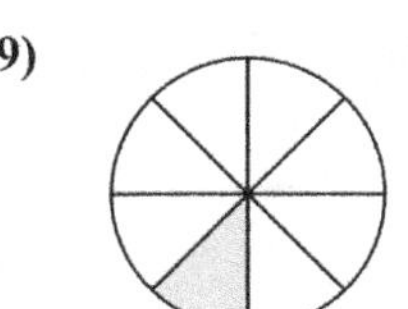

10)

11) 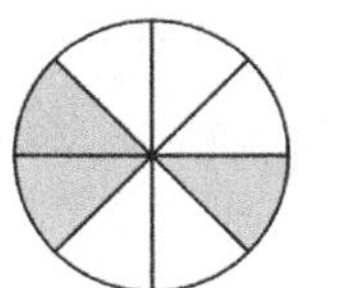

12) 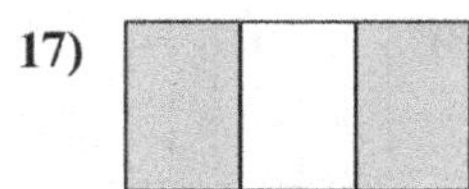

13)

14)

15)

16)

17) 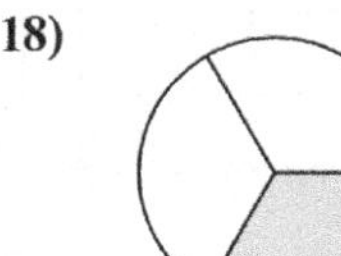

18)

1. _______________

2. _______________

3. _______________

4. _______________

5. _______________

6. _______________

7. _______________

8. _______________

9. _______________

10. _______________

11. _______________

12. _______________

13. _______________

14. _______________

15. _______________

16. _______________

17. _______________

18. _______________

Schreiben Sie die schattierte Menge als Bruchteil der Gesamtmenge

27

1) 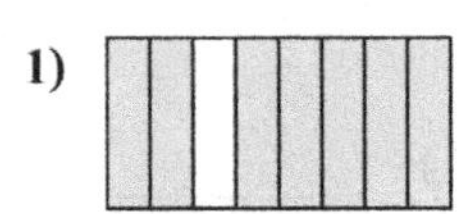

2) 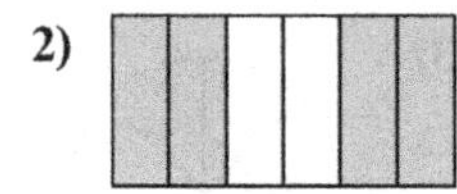

3) 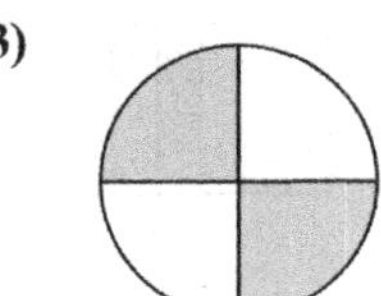

4)

5) 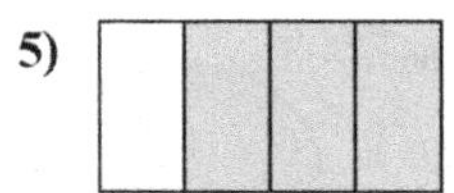

6)

7)

8) 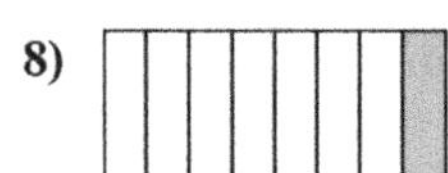

9)

10)

11) 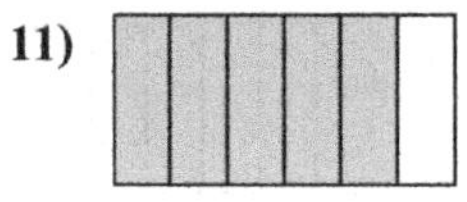

12)

13)

14)

15)

16) 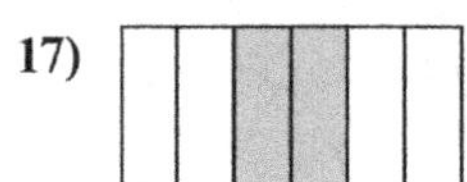

17)

18) 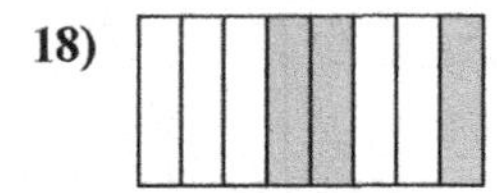

1. ______________

2. ______________

3. ______________

4. ______________

5. ______________

6. ______________

7. ______________

8. ______________

9. ______________

10. ______________

11. ______________

12. ______________

13. ______________

14. ______________

15. ______________

16. ______________

17. ______________

18. ______________

Schreiben Sie die schattierte Menge als Bruchteil der Gesamtmenge

1) 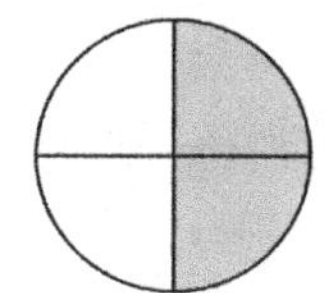

2) 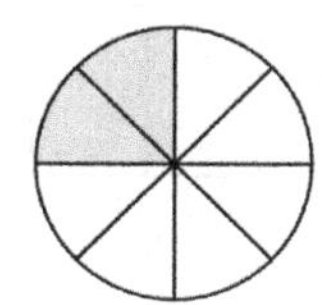

3) 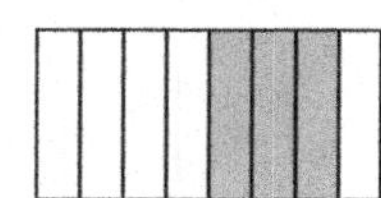

4) 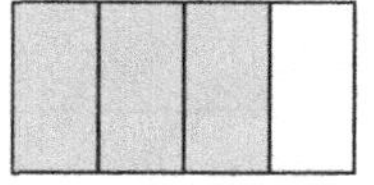

5) 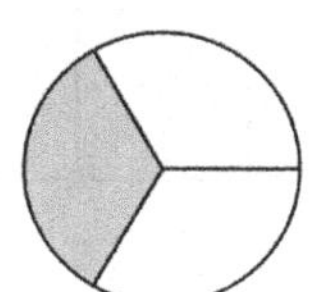

6) 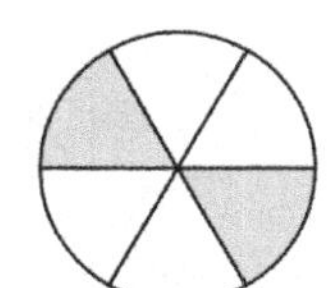

7) 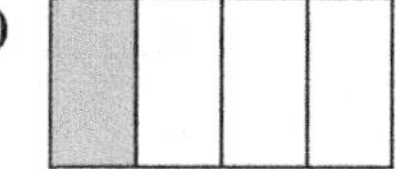

8) 

9) 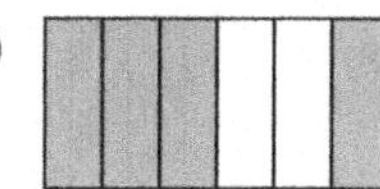

10) 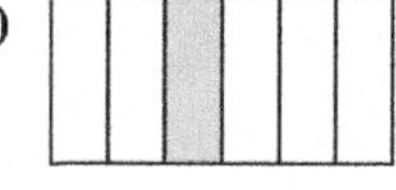

11) 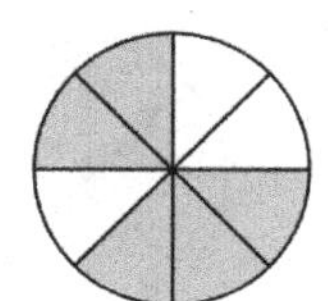

12) 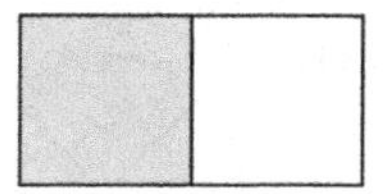

13) 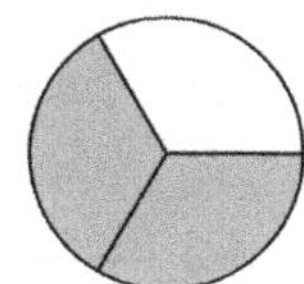

14) 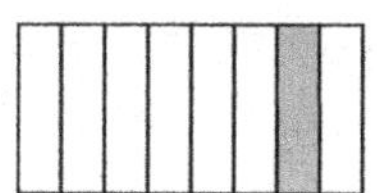

15) 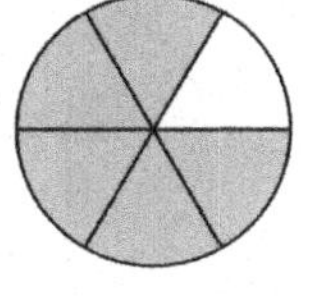

16) 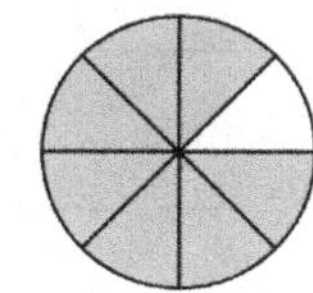

17) 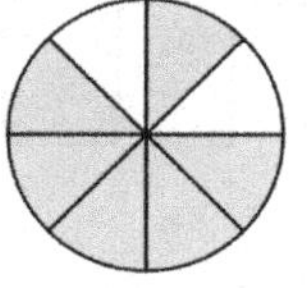

18) 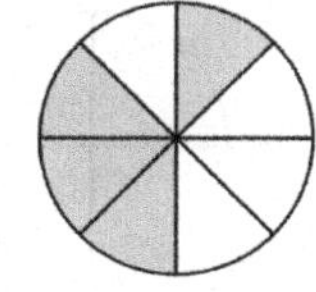

1. _______________

2. _______________

3. _______________

4. _______________

5. _______________

6. _______________

7. _______________

8. _______________

9. _______________

10. _______________

11. _______________

12. _______________

13. _______________

14. _______________

15. _______________

16. _______________

17. _______________

18. _______________

Schreiben Sie die schattierte Menge als Bruchteil der Gesamtmenge

1) 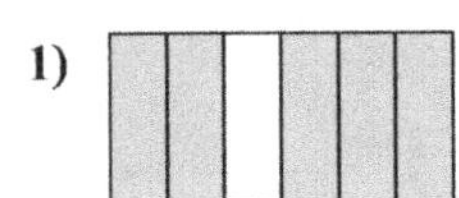

2) 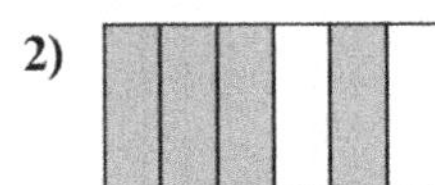

3) 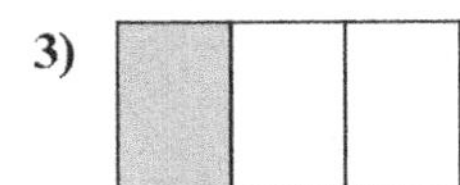

4) 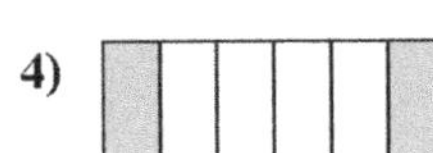

5) 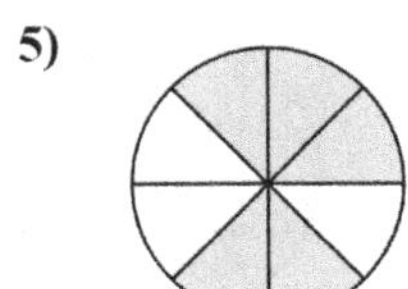

6) 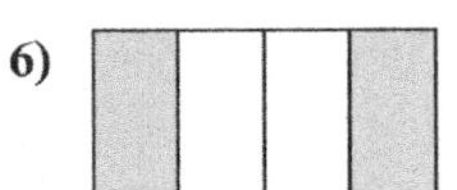

7) 

8) 

9) 

10) 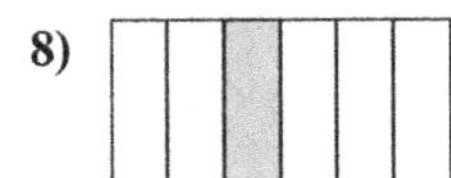

11) 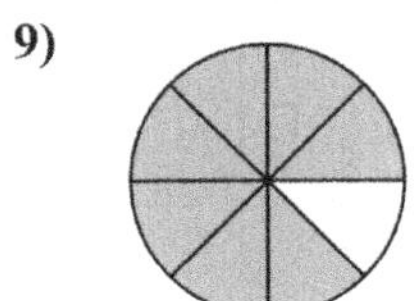

12) 

13) 

14) 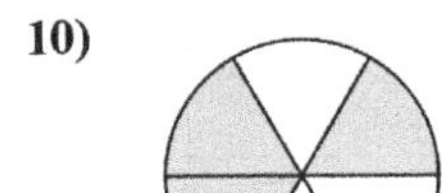

15) 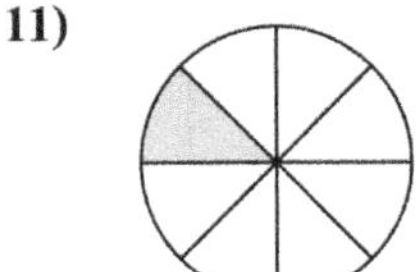

16) 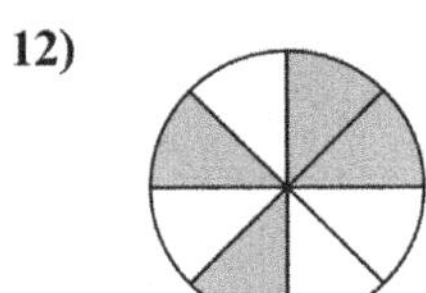

17) 

18) 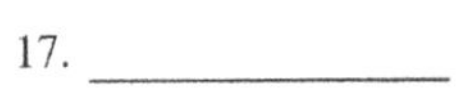  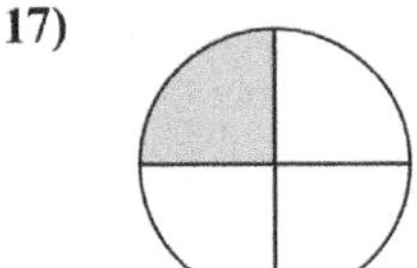 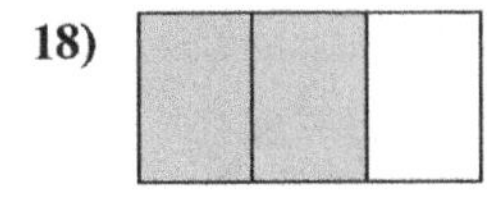

1. _______________

2. _______________

3. _______________

4. _______________

5. _______________

6. _______________

7. _______________

8. _______________

9. _______________

10. _______________

11. _______________

12. _______________

13. _______________

14. _______________

15. _______________

16. _______________

17. _______________

18. _______________

Schreiben Sie die schattierte Menge als Bruchteil der Gesamtmenge

1) 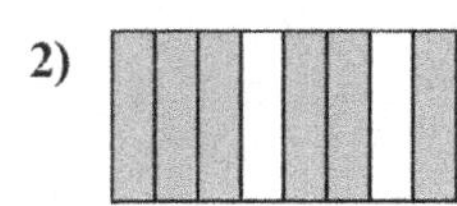

2) 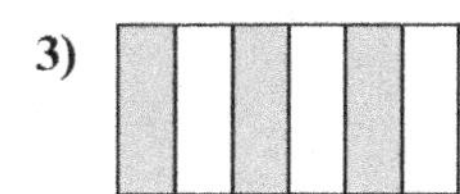

3)

4) 

5) 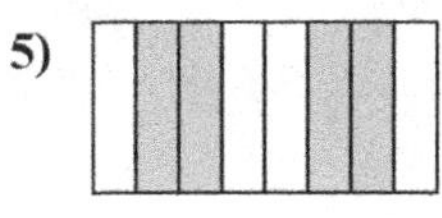

6)

7) 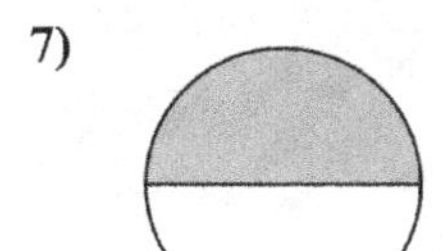

8) 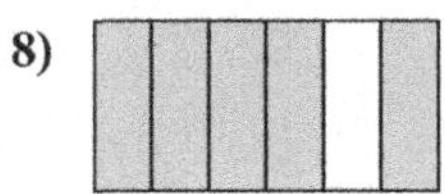

9) 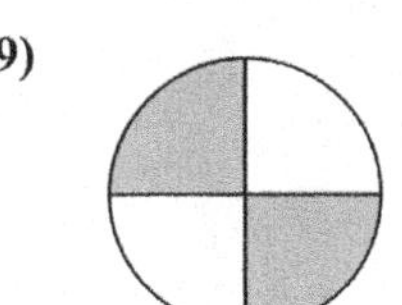

10)

11)

12)

13)

14)

15)

16) 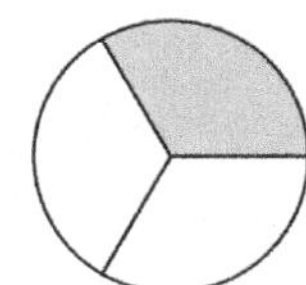

17) 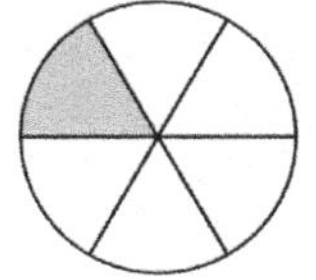

18) 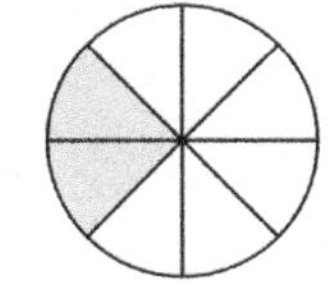

1. _______________

2. _______________

3. _______________

4. _______________

5. _______________

6. _______________

7. _______________

8. _______________

9. _______________

10. _______________

11. _______________

12. _______________

13. _______________

14. _______________

15. _______________

16. _______________

17. _______________

18. _______________

DEZIMALSTELLEN

Schreiben Sie das richtige Vergleichssymbol (>, < oder =)

1) 1.41 ☐ 1.41

2) -7.3 ☐ -7.34

3) 1.87 ☐ 0.187

4) -6.54 ☐ -6.56

5) 7.48 ☐ 7.42

6) -0.64 ☐ -0.064

7) -7.09 ☐ -7.13

8) -9.8 ☐ -9.85

9) -4.37 ☐ -4.39

10) 10 ☐ 1

11) 7.8 ☐ 7.79

12) 4.05 ☐ 0.405

13) -7.77 ☐ -0.777

14) 1.29 ☐ 1.25

15) -5.14 ☐ -5.14

16) 7.07 ☐ 0.707

17) 0.57 ☐ 0.53

18) 1.45 ☐ 0.145

19) -2.96 ☐ -0.296

20) -3.36 ☐ -3.37

Schreiben Sie das richtige Vergleichssymbol (>, < oder =)

1) -9.61 ☐ -0.961

2) -6.5 ☐ -0.65

3) -5.16 ☐ -5.18

4) -2.24 ☐ -2.24

5) 0.86 ☐ 0.086

6) 8.23 ☐ 0.823

7) 1.06 ☐ 1.14

8) 5.35 ☐ 5.42

9) 3.37 ☐ 0.337

10) -0.49 ☐ -0.51

11) 5.7 ☐ 5.68

12) -3.74 ☐ -3.75

13) -0.4 ☐ -0.04

14) 7.19 ☐ 7.23

15) 2.04 ☐ 2.08

16) -9.82 ☐ -0.982

17) 6.35 ☐ 6.29

18) -9.46 ☐ -0.946

19) 3.32 ☐ 3.35

20) -8.52 ☐ -8.59

Schreiben Sie das richtige Vergleichssymbol (>, < oder =)

1) 6.23 ☐ 6.26

2) -5.11 ☐ -0.511

3) 8.7 ☐ 0.87

4) 0.39 ☐ 0.039

5) -2.62 ☐ -0.262

6) -4.22 ☐ -4.15

7) 9.9 ☐ 9.9

8) 0.41 ☐ 0.41

9) 2 ☐ 0.2

10) -2.47 ☐ -2.51

11) 5.15 ☐ 5.12

12) 4.88 ☐ 0.488

13) 8.48 ☐ 8.56

14) -6.55 ☐ -6.57

15) -3.22 ☐ -3.22

16) -2.96 ☐ -0.296

17) -9.09 ☐ -9.12

18) -0.46 ☐ -0.38

19) -6.59 ☐ -6.67

20) 2.17 ☐ 0.217

Schreiben Sie das richtige Vergleichssymbol (>, < oder =)

1) -5.01	☐	-4.99		11) 8.57	☐	8.55
2) -6.89	☐	-0.689		12) -1.45	☐	-0.145
3) 2.97	☐	2.95		13) -3.13	☐	-0.313
4) 7.88	☐	0.788		14) -6.81	☐	-6.82
5) 7.38	☐	7.35		15) 8.38	☐	8.37
6) -0.87	☐	-0.087		16) -8.46	☐	-8.54
7) 3.68	☐	0.368		17) -0.68	☐	-0.67
8) 8.35	☐	8.35		18) 7.4	☐	0.74
9) 8.72	☐	0.872		19) -5.79	☐	-5.71
10) 3.56	☐	3.58		20) -5.73	☐	-5.71

1) -5.31 ☐ -5.3

2) 5.99 ☐ 5.94

3) -0.88 ☐ -0.088

4) 3.77 ☐ 0.377

5) 2.73 ☐ 2.75

6) 6.12 ☐ 6.15

7) 9.51 ☐ 9.48

8) 5.43 ☐ 5.4

9) -2.14 ☐ -0.214

10) 7.87 ☐ 0.787

11) -4.57 ☐ -0.457

12) 9.66 ☐ 9.66

13) -8.68 ☐ -8.66

14) -2.28 ☐ -0.228

15) 1.27 ☐ 0.127

16) -2.25 ☐ -2.31

17) -4.37 ☐ -4.4

18) 5.18 ☐ 5.14

19) -9.92 ☐ -9.9

20) -3.59 ☐ -0.359

Schreiben Sie das richtige Vergleichssymbol (>, < oder =)

1) 5.81 ☐ 5.8

2) 6.07 ☐ 6.02

3) -4.62 ☐ -4.54

4) 4.08 ☐ 4.14

5) 2.6 ☐ 0.26

6) -0.42 ☐ -0.38

7) -8.56 ☐ -0.856

8) -2.67 ☐ -2.63

9) 0.71 ☐ 0.071

10) -8.74 ☐ -8.69

11) -6.14 ☐ -0.614

12) 5.21 ☐ 5.13

13) 3.92 ☐ 0.392

14) -8.38 ☐ -0.838

15) 2.24 ☐ 2.28

16) 1.12 ☐ 0.112

17) -4.27 ☐ -0.427

18) -9.66 ☐ -9.7

19) -5.24 ☐ -5.25

20) 3.56 ☐ 3.58

Schreiben Sie das richtige Vergleichssymbol (>, < oder =)

1) -7.27 ☐ -7.21

2) 7.25 ☐ 7.3

3) -4.05 ☐ -4.07

4) -9.5 ☐ -9.49

5) 2.31 ☐ 2.37

6) 4.2 ☐ 0.42

7) 0.24 ☐ 0.024

8) 2.22 ☐ 2.29

9) 4.17 ☐ 0.417

10) -3.32 ☐ -3.29

11) -5.22 ☐ -5.24

12) 5.37 ☐ 5.39

13) -5.67 ☐ -0.567

14) 2.95 ☐ 2.94

15) -2.22 ☐ -0.222

16) 6.81 ☐ 0.681

17) -8.11 ☐ -0.811

18) -0.23 ☐ -0.023

19) -6.35 ☐ -6.41

20) 3.44 ☐ 3.51

Schreiben Sie das richtige Vergleichssymbol (>, < oder =)

1) -6.89 ☐ -6.9

2) -1.49 ☐ -0.149

3) 7.89 ☐ 7.85

4) 8.11 ☐ 0.811

5) -1.17 ☐ -1.16

6) 6.57 ☐ 6.56

7) -7.24 ☐ -7.2

8) 7.71 ☐ 0.771

9) -5.13 ☐ -5.19

10) -8.99 ☐ -8.96

11) 3.72 ☐ 0.372

12) -7.37 ☐ -7.4

13) 4.05 ☐ 4.09

14) -3.46 ☐ -0.346

15) 5.12 ☐ 0.512

16) 2.57 ☐ 2.51

17) 8.78 ☐ 8.71

18) -9.03 ☐ -0.903

19) 8.34 ☐ 0.834

20) -8.14 ☐ -8.17

Schreiben Sie das richtige Vergleichssymbol (>, < oder =)

1) 0.95 ☐ 1.01   11) -8.59 ☐ -0.859

2) 8.85 ☐ 8.77   12) 5.11 ☐ 5.1

3) -5.49 ☐ -0.549   13) -5.94 ☐ -5.91

4) -4.45 ☐ -0.445   14) 6 ☐ 0.6

5) 7.79 ☐ 7.84   15) 8.19 ☐ 8.24

6) -3.03 ☐ -2.95   16) -3.57 ☐ -3.56

7) -8.38 ☐ -0.838   17) -3.33 ☐ -3.26

8) 1.87 ☐ 0.187   18) 7.7 ☐ 0.77

9) 3.18 ☐ 0.318   19) -5.59 ☐ -5.54

10) 9.08 ☐ 9.13   20) -5.67 ☐ -5.68

Schreiben Sie das richtige Vergleichssymbol (>, < oder =)

1) 5.53 ☐ 5.54		11) -8.94 ☐ -8.96
2) -5.78 ☐ -5.83		12) 4.66 ☐ 4.65
3) 3.5 ☐ 0.35		13) -3.85 ☐ -3.83
4) 9.65 ☐ 9.65		14) -2.48 ☐ -2.52
5) -7.41 ☐ -7.39		15) 9.03 ☐ 9.07
6) -8.97 ☐ -8.89		16) -3.04 ☐ -3.1
7) -2.24 ☐ -2.2		17) -8.25 ☐ -0.825
8) 8.2 ☐ 0.82		18) 5.4 ☐ 0.54
9) -3.03 ☐ -0.303		19) 8.4 ☐ 0.84
10) 3.58 ☐ 0.358		20) 1.33 ☐ 0.133

96.85 − 43.27	59.82 − 31.65	48.69 − 12.39	69.49 +28.69	75.83 − 37.85
51.82 +89.68	89.89 − 65.33	97.98 − 92.53	99.29 +82.34	30.41 +72.17
62.14 +98.16	38.25 +57.81	72.39 +82.36	98.32 − 37.92	57.78 +69.39
22.39 +54.69	45.48 − 17.85	56.34 − 51.58	48.56 − 40.77	79.93 +25.38

Jedes Problem lösen

63.55	88.98	85.49	94.17	19.38
- 23.41	+87.88	+46.31	+97.63	- 15.57

37.72	83.37	68.84	90.82	47.37
+57.63	- 56.74	- 52.56	- 84.34	+27.24

62.32	87.87	70.94	57.22	10.95
- 37.28	- 85.33	+44.75	- 41.42	+84.69

74.14	62.72	86.42	19.34	43.15
- 53.23	+42.67	+87.81	+57.83	- 14.77

89.29 - 38.61	89.99 - 70.45	83.97 +15.35	94.51 - 33.26	51.76 +75.97
85.88 +93.66	17.78 - 16.41	29.73 +35.12	40.16 - 26.24	52.78 +52.31
56.11 +63.91	81.85 +20.83	47.18 +27.66	42.75 +87.35	33.66 - 12.92
27.11 - 12.63	46.66 - 15.86	68.57 - 52.25	70.61 +28.14	34.48 - 29.79

Jedes Problem lösen

49.13 - 17.43	92.62 - 36.71	75.48 - 13.94	86.58 - 14.23	79.11 +35.41
97.12 - 80.56	45.35 - 10.52	98.94 - 16.97	60.51 +45.54	46.35 +81.55
28.99 +50.33	90.62 - 81.35	12.82 +32.78	34.54 +46.98	92.99 - 40.97
62.71 +81.93	88.92 +50.61	65.43 - 63.44	84.33 +53.74	71.64 +10.25

32.24 +27.92	19.47 +48.53	37.55 +79.15	24.21 +84.35	66.43 - 48.78
42.83 - 38.11	11.12 +12.16	91.98 - 41.27	82.12 - 11.42	54.16 +75.56
71.54 +20.66	65.94 +24.13	60.27 +76.57	97.36 - 35.79	61.71 - 23.77
34.48 - 10.83	57.19 - 34.28	79.25 - 42.14	56.45 - 15.92	80.86 +92.15

Jedes Problem lösen

61.46 - 24.32	84.19 - 64.18	18.68 +50.36	99.87 +68.25	14.91 +62.58
73.98 - 20.89	45.51 - 25.29	79.31 +36.97	25.51 +96.36	35.15 +72.83
73.61 - 36.48	74.77 - 11.38	82.38 +93.62	86.19 - 67.43	60.24 - 52.17
63.57 +96.15	74.11 - 70.59	63.24 - 44.68	48.42 +64.58	71.32 +57.77

| 53.65 | 75.69 | 65.32 | 75.82 | 23.82 |
| +71.28 | - 72.24 | +29.12 | - 53.66 | - 15.68 |

| 32.34 | 31.26 | 92.45 | 79.76 | 66.23 |
| - 24.32 | +52.31 | - 76.72 | +50.65 | - 35.51 |

| 98.64 | 27.63 | 81.12 | 34.43 | 85.88 |
| - 87.48 | +98.63 | - 23.19 | - 24.73 | +77.62 |

| 19.33 | 76.68 | 85.19 | 87.77 | 47.65 |
| +75.93 | +80.51 | - 39.67 | +27.92 | +96.92 |

Jedes Problem lösen

39.31 +80.49	52.88 +45.36	68.59 - 31.67	25.57 - 23.38	61.28 +68.17
68.11 +26.19	80.81 +74.73	58.45 +88.63	90.46 - 74.64	49.29 - 14.57
39.59 - 14.19	52.31 - 20.96	65.36 +71.24	66.17 +99.15	79.43 +91.94
78.67 +26.83	43.46 - 21.68	44.67 - 43.86	98.77 - 62.22	88.25 - 22.12

58.96 - 18.24	25.47 +46.16	82.41 - 69.42	65.81 - 47.88	20.84 +20.23
16.58 - 11.69	12.45 +90.75	58.42 - 49.49	41.41 +46.74	94.12 +92.92
52.83 +80.94	89.79 - 73.56	44.78 - 26.69	91.62 - 73.27	11.63 +46.26
65.73 +66.57	80.12 - 52.22	74.69 - 10.11	60.42 +36.38	57.51 +23.15

Jedes Problem lösen

85.83 +15.92	32.57 +72.96	85.91 +55.29	63.51 - 44.57	60.88 - 24.79
80.41 +79.58	24.78 - 16.31	69.58 - 54.92	32.93 - 24.64	98.55 - 28.48
81.25 +29.36	30.32 - 21.22	22.89 +72.97	97.62 - 72.44	82.96 +95.69
56.65 - 21.93	38.91 +76.55	32.85 +30.81	86.45 - 57.85	91.36 +18.14

Bestellen Sie die Zahlen von der kleinsten bis zur größten

Ex)
A. 34
B. 33.85
C. 33.22
D. 33.8

1)
A. 73.96
B. 73.5
C. 73.4
D. 73.1

2)
A. 3.29
B. 3.55
C. 3.6
D. 3.86

3)
A. 4.19
B. 4.27
C. 4.6
D. 5

4)
A. 5.7
B. 5.2
C. 5.6
D. 5.25

5)
A. 22.4
B. 22.8
C. 22.3
D. 22.91

6)
A. 11.59
B. 11.46
C. 12
D. 11.6

7)
A. 8
B. 7.96
C. 7.35
D. 7.63

8)
A. 3
B. 2.57
C. 2.9
D. 2.2

9)
A. 9.17
B. 9.5
C. 9.9
D. 10

10)
A. 75.6
B. 75.9
C. 75.8
D. 75.22

11)
A. 83.11
B. 83.6
C. 83.16
D. 83.4

12)
A. 3.8
B. 4
C. 3.86
D. 3.9

13)
A. 72.5
B. 72.59
C. 72.4
D. 72.3

14)
A. 44.9
B. 44.5
C. 44.53
D. 44

15)
A. 4.2
B. 5
C. 4.99
D. 4.22

16)
A. 7.3
B. 7.01
C. 8
D. 7.8

17)
A. 3.68
B. 3.5
C. 3.7
D. 3.88

18)
A. 14.62
B. 14.5
C. 14.87
D. 14.76

19)
A. 65.8
B. 66
C. 65.2
D. 65.7

20)
A. 2.25
B. 2.52
C. 2.2
D. 2.1

Ex. _C,D,B,A_

1. ___________
2. ___________
3. ___________
4. ___________
5. ___________
6. ___________
7. ___________
8. ___________
9. ___________
10. ___________
11. ___________
12. ___________
13. ___________
14. ___________
15. ___________
16. ___________
17. ___________
18. ___________
19. ___________
20. ___________

Bestellen Sie die Zahlen von der kleinsten bis zur größten

Ex) A. 93.56 B. 94 C. 93.73 D. 93.2	**1)** A. 64.2 B. 64.8 C. 64.15 D. 64.84	**2)** A. 53.4 B. 53.22 C. 53.67 D. 53.42
3) A. 4.7 B. 5 C. 4.9 D. 4.56	**4)** A. 9.2 B. 9.18 C. 9 D. 9.7	**5)** A. 6.6 B. 6.29 C. 6.4 D. 6.17
6) A. 5.1 B. 5.4 C. 5.9 D. 5.5	**7)** A. 10.41 B. 10.4 C. 10.46 D. 10	**8)** A. 8.9 B. 8.48 C. 8.4 D. 8.7
9) A. 84.67 B. 84.42 C. 84.4 D. 84	**10)** A. 87.8 B. 88 C. 87.62 D. 87.6	**11)** A. 90 B. 89.9 C. 89.49 D. 89.5
12) A. 3.42 B. 3 C. 3.8 D. 3.94	**13)** A. 3.94 B. 3.48 C. 3.8 D. 3.84	**14)** A. 1 B. 1.27 C. 1.3 D. 1.2
15) A. 8.75 B. 8.48 C. 8.6 D. 8.9	**16)** A. 49.9 B. 49.22 C. 49.2 D. 49.61	**17)** A. 96.34 B. 96 C. 96.4 D. 96.9
18) A. 73 B. 72.59 C. 72.99 D. 72.86	**19)** A. 9.78 B. 9.43 C. 10 D. 9.7	**20)** A. 3 B. 2.2 C. 2.5 D. 2.42

Ex. _D,A,C,B_

1. _______
2. _______
3. _______
4. _______
5. _______
6. _______
7. _______
8. _______
9. _______
10. _______
11. _______
12. _______
13. _______
14. _______
15. _______
16. _______
17. _______
18. _______
19. _______
20. _______

Bestellen Sie die Zahlen von der kleinsten bis zur größten

Ex)
A. 4.77
B. 4.62
C. 5
D. 4.1

1)
A. 76.57
B. 77
C. 76.6
D. 76.66

2)
A. 9.59
B. 9.2
C. 9.58
D. 9.92

3)
A. 39.9
B. 39.17
C. 39.26
D. 39.56

4)
A. 28.4
B. 28.1
C. 29
D. 28.24

5)
A. 5.58
B. 5.5
C. 5.62
D. 5.7

6)
A. 54.4
B. 54.52
C. 54.45
D. 54.7

7)
A. 54.68
B. 54.3
C. 54.04
D. 54.5

8)
A. 8.84
B. 8.59
C. 8.1
D. 8.4

9)
A. 7.18
B. 7.7
C. 7.79
D. 7.1

10)
A. 59.75
B. 59.3
C. 59.6
D. 59.49

11)
A. 96.78
B. 96.55
C. 96.8
D. 96.6

12)
A. 6.12
B. 6.2
C. 6.8
D. 6.17

13)
A. 5.2
B. 5.15
C. 5.45
D. 5.52

14)
A. 75
B. 74.45
C. 74.44
D. 74.59

15)
A. 85.5
B. 85.4
C. 85.01
D. 85.79

16)
A. 6.48
B. 6.67
C. 6.7
D. 6.27

17)
A. 6.32
B. 6.3
C. 6.18
D. 6

18)
A. 9.3
B. 9.66
C. 9.58
D. 10

19)
A. 2.31
B. 2.4
C. 2.32
D. 2.1

20)
A. 3.7
B. 3.72
C. 3.6
D. 3.2

Ex. D,B,A,C

1. ______
2. ______
3. ______
4. ______
5. ______
6. ______
7. ______
8. ______
9. ______
10. ______
11. ______
12. ______
13. ______
14. ______
15. ______
16. ______
17. ______
18. ______
19. ______
20. ______

Bestellen Sie die Zahlen von der kleinsten bis zur größten

Ex) A. 51.9 B. 52 C. 51.13 D. 51.7	**1)** A. 6.73 B. 7 C. 6.45 D. 6.5	**2)** A. 59.6 B. 59.03 C. 59.7 D. 59.17
3) A. 21.4 B. 21.49 C. 21 D. 21.89	**4)** A. 91.72 B. 91.9 C. 92 D. 91.58	**5)** A. 7.8 B. 7 C. 7.88 D. 7.44
6) A. 23.18 B. 23.53 C. 23.48 D. 23.9	**7)** A. 42.64 B. 42.6 C. 42.3 D. 42.42	**8)** A. 5.74 B. 6 C. 5.88 D. 5.82
9) A. 30 B. 30.13 C. 30.4 D. 30.3	**10)** A. 48.3 B. 48.94 C. 48.4 D. 48	**11)** A. 2.7 B. 2.8 C. 2.3 D. 2.82
12) A. 47.5 B. 47.7 C. 48 D. 47.53	**13)** A. 37.05 B. 37.9 C. 37.72 D. 37.4	**14)** A. 2.5 B. 2.2 C. 2.93 D. 2.83
15) A. 64 B. 63.36 C. 63.3 D. 63.4	**16)** A. 11.05 B. 11.56 C. 12 D. 11.54	**17)** A. 90.98 B. 91 C. 90.54 D. 90.1
18) A. 7.7 B. 8 C. 7.41 D. 7.92	**19)** A. 9.48 B. 9.56 C. 9.4 D. 9.2	**20)** A. 63.95 B. 63.3 C. 63.7 D. 63.1

Ex. C,D,A,B

1. _______
2. _______
3. _______
4. _______
5. _______
6. _______
7. _______
8. _______
9. _______
10. _______
11. _______
12. _______
13. _______
14. _______
15. _______
16. _______
17. _______
18. _______
19. _______
20. _______

Bestellen Sie die Zahlen von der kleinsten bis zur größten

Ex) A. 68.1 B. 68.47 C. 68.4 D. 68.43	**1)** A. 7 B. 7.4 C. 7.35 D. 7.5	**2)** A. 89.95 B. 89.8 C. 89.4 D. 89.37	Ex. A,C,D,B

Ex)
A. 68.1
B. 68.47
C. 68.4
D. 68.43

1)
A. 7
B. 7.4
C. 7.35
D. 7.5

2)
A. 89.95
B. 89.8
C. 89.4
D. 89.37

3)
A. 1.87
B. 1.9
C. 1.3
D. 2

4)
A. 96.8
B. 96.81
C. 96.5
D. 97

5)
A. 4.17
B. 4.93
C. 4.8
D. 4.7

6)
A. 2.18
B. 2.02
C. 2.7
D. 2.38

7)
A. 66.26
B. 66.5
C. 66.61
D. 67

8)
A. 37.3
B. 37.58
C. 38
D. 37.22

9)
A. 62
B. 61.9
C. 61.85
D. 61.6

10)
A. 38.89
B. 38
C. 38.8
D. 38.08

11)
A. 46
B. 46.59
C. 46.93
D. 46.89

12)
A. 90.1
B. 90.2
C. 90.4
D. 90.63

13)
A. 2
B. 2.83
C. 2.2
D. 2.3

14)
A. 24.9
B. 24
C. 24.33
D. 24.5

15)
A. 97.21
B. 97.42
C. 97.4
D. 97

16)
A. 26
B. 25.74
C. 25.9
D. 25.1

17)
A. 74.3
B. 74.7
C. 74.9
D. 74.73

18)
A. 3.9
B. 3
C. 3.3
D. 3.1

19)
A. 8.9
B. 8
C. 8.54
D. 8.51

20)
A. 4.12
B. 4.3
C. 4.93
D. 4.1

Ex. A,C,D,B
1. ___
2. ___
3. ___
4. ___
5. ___
6. ___
7. ___
8. ___
9. ___
10. ___
11. ___
12. ___
13. ___
14. ___
15. ___
16. ___
17. ___
18. ___
19. ___
20. ___

Bestellen Sie die Zahlen von der kleinsten bis zur größten

Ex)	A. 39.53	1)	A. 3.9	2)	A. 20.19
	B. 39.3		B. 3.95		B. 20
	C. 39.22		C. 3.7		C. 20.4
	D. 39.9		D. 3.74		D. 20.6

3)	A. 3.4	4)	A. 36.8	5)	A. 1.3
	B. 3		B. 36.1		B. 1.37
	C. 3.24		C. 36.23		C. 1.5
	D. 3.9		D. 37		D. 1.2

6)	A. 27.42	7)	A. 2.55	8)	A. 55.6
	B. 27.88		B. 2.6		B. 55.56
	C. 27.7		C. 2.3		C. 55.8
	D. 27		D. 2.67		D. 55.2

9)	A. 6.59	10)	A. 26.1	11)	A. 46.6
	B. 7		B. 26.86		B. 46.19
	C. 6.6		C. 26.51		C. 46.8
	D. 6.5		D. 26.3		D. 47

12)	A. 7.4	13)	A. 8.23	14)	A. 9
	B. 7.3		B. 8.7		B. 8.99
	C. 7.5		C. 8		C. 8.61
	D. 7.19		D. 8.4		D. 8.64

15)	A. 7.9	16)	A. 28.8	17)	A. 30.2
	B. 7.2		B. 28.6		B. 30.37
	C. 7.04		C. 28.5		C. 30.82
	D. 7.73		D. 28.9		D. 30.71

18)	A. 60.3	19)	A. 61.9	20)	A. 7.6
	B. 61		B. 61.59		B. 7.47
	C. 60.5		C. 61.84		C. 7
	D. 60.71		D. 61.91		D. 7.8

Ex. C,B,A,D

1. _______
2. _______
3. _______
4. _______
5. _______
6. _______
7. _______
8. _______
9. _______
10. _______
11. _______
12. _______
13. _______
14. _______
15. _______
16. _______
17. _______
18. _______
19. _______
20. _______

Bestellen Sie die Zahlen von der kleinsten bis zur größten

Ex)
A. 5.17
B. 5.95
C. 6
D. 5.9

1)
A. 23.3
B. 23.4
C. 23.9
D. 23.26

2)
A. 7.5
B. 7.65
C. 7.97
D. 7.14

3)
A. 18.41
B. 18.83
C. 19
D. 18.5

4)
A. 14.36
B. 14.4
C. 14.86
D. 14.7

5)
A. 62.24
B. 62.49
C. 62.4
D. 62.7

6)
A. 1.72
B. 1.74
C. 1.52
D. 1.36

7)
A. 2.5
B. 2.4
C. 2.12
D. 2.7

8)
A. 73.75
B. 73.2
C. 74
D. 73.17

9)
A. 3.42
B. 3.7
C. 3.2
D. 4

10)
A. 19.18
B. 19.2
C. 19.42
D. 19

11)
A. 29
B. 28.26
C. 28.5
D. 28.7

12)
A. 97.6
B. 97.52
C. 97.95
D. 97.7

13)
A. 9
B. 8.3
C. 8.7
D. 8.99

14)
A. 50
B. 49.4
C. 49.83
D. 49.5

15)
A. 29.92
B. 30
C. 29.7
D. 29.5

16)
A. 9.5
B. 9.6
C. 9.57
D. 9.1

17)
A. 3.6
B. 3.3
C. 3.39
D. 3.8

18)
A. 4.4
B. 4.12
C. 4.41
D. 4.5

19)
A. 24.92
B. 24.4
C. 24.28
D. 24.3

20)
A. 7.21
B. 7.5
C. 7.4
D. 7

Ex. _A,D,B,C_

1. _______
2. _______
3. _______
4. _______
5. _______
6. _______
7. _______
8. _______
9. _______
10. _______
11. _______
12. _______
13. _______
14. _______
15. _______
16. _______
17. _______
18. _______
19. _______
20. _______

Bestellen Sie die Zahlen von der kleinsten bis zur größten

Ex) A. 68
     B. 67.3
     C. 67.6
     D. 67.89

1) A. 2.1
    B. 2.23
    C. 2.2
    D. 2.18

2) A. 1.61
    B. 1.57
    C. 2
    D. 1.19

3) A. 26.3
    B. 27
    C. 26.8
    D. 26.74

4) A. 15
    B. 15.65
    C. 15.26
    D. 15.3

5) A. 23.4
    B. 24
    C. 23.9
    D. 23.99

6) A. 6.54
    B. 6.62
    C. 6.9
    D. 6.5

7) A. 3
    B. 2.6
    C. 2.18
    D. 2.71

8) A. 88
    B. 87.81
    C. 87.86
    D. 87.54

9) A. 23.8
    B. 23
    C. 23.19
    D. 23.97

10) A. 71.57
     B. 71.49
     C. 71.1
     D. 71.79

11) A. 5.8
     B. 5.77
     C. 5
     D. 5.72

12) A. 57.99
     B. 57.4
     C. 57.3
     D. 57.6

13) A. 3.14
     B. 3
     C. 3.05
     D. 3.3

14) A. 36.17
     B. 36.52
     C. 36.6
     D. 36.67

15) A. 4.3
     B. 4.6
     C. 4
     D. 4.2

16) A. 62
     B. 61.89
     C. 61.86
     D. 61.74

17) A. 1.35
     B. 2
     C. 1.73
     D. 1.7

18) A. 27.2
     B. 27.38
     C. 27.41
     D. 27.68

19) A. 6.36
     B. 6.7
     C. 6.1
     D. 6.06

20) A. 1.67
     B. 1.15
     C. 2
     D. 1.7

Ex. B,C,D,A

1. ______
2. ______
3. ______
4. ______
5. ______
6. ______
7. ______
8. ______
9. ______
10. ______
11. ______
12. ______
13. ______
14. ______
15. ______
16. ______
17. ______
18. ______
19. ______
20. ______

Bestellen Sie die Zahlen von der kleinsten bis zur größten

Ex) A. 47.85
B. 47.9
C. 47.33
D. 47.2

1) A. 1.1
B. 1.7
C. 1
D. 1.2

2) A. 7.3
B. 7.65
C. 7.82
D. 8

3) A. 4.6
B. 4.48
C. 5
D. 4.4

4) A. 73.7
B. 73
C. 73.24
D. 73.28

5) A. 1.8
B. 2
C. 1.23
D. 1.3

6) A. 32
B. 31.95
C. 31.6
D. 31.32

7) A. 73.2
B. 73.46
C. 73.6
D. 73

8) A. 50.41
B. 50.7
C. 50.74
D. 50.1

9) A. 7.9
B. 7
C. 7.64
D. 7.86

10) A. 15.55
B. 15.34
C. 15.7
D. 15.8

11) A. 41.53
B. 41.5
C. 41.22
D. 41.82

12) A. 5.3
B. 5.7
C. 5.41
D. 5

13) A. 6.5
B. 6.03
C. 6.84
D. 6.51

14) A. 95.9
B. 95.85
C. 95.1
D. 95.92

15) A. 34.53
B. 34.4
C. 34
D. 34.35

16) A. 4.4
B. 4.36
C. 4.78
D. 4.17

17) A. 1.2
B. 1.1
C. 1.98
D. 2

18) A. 4.18
B. 4.23
C. 4.4
D. 4.95

19) A. 3.53
B. 3.4
C. 3.78
D. 4

20) A. 21.4
B. 21
C. 21.3
D. 21.04

Ex. _D,C,A,B_

1. __________
2. __________
3. __________
4. __________
5. __________
6. __________
7. __________
8. __________
9. __________
10. __________
11. __________
12. __________
13. __________
14. __________
15. __________
16. __________
17. __________
18. __________
19. __________
20. __________

Bestellen Sie die Zahlen von der kleinsten bis zur größten

Ex) A. 8.6
B. 8.41
C. 9
D. 8.88

1) A. 7.22
B. 7.5
C. 7.97
D. 7.8

2) A. 3.57
B. 3.12
C. 4
D. 3.54

3) A. 92.83
B. 93
C. 92.4
D. 92.3

4) A. 24.01
B. 24.27
C. 24.91
D. 24.1

5) A. 5.33
B. 5.91
C. 6
D. 5.64

6) A. 5.6
B. 5.43
C. 5
D. 5.5

7) A. 7.9
B. 7.4
C. 7.44
D. 7.68

8) A. 6
B. 5.88
C. 5.6
D. 5.7

9) A. 69.6
B. 69.06
C. 70
D. 69.28

10) A. 18.93
B. 18
C. 18.32
D. 18.1

11) A. 5.5
B. 5.2
C. 5.81
D. 5

12) A. 13.67
B. 13.39
C. 13.8
D. 13.7

13) A. 76.7
B. 76.6
C. 76.2
D. 77

14) A. 6.1
B. 6.27
C. 6.72
D. 6.6

15) A. 51.55
B. 52
C. 51.72
D. 51.1

16) A. 87.5
B. 87.4
C. 87
D. 87.61

17) A. 9.27
B. 9.5
C. 9.48
D. 9.3

18) A. 64.14
B. 64.1
C. 64.23
D. 64.78

19) A. 20.61
B. 20.4
C. 20.3
D. 20.7

20) A. 3
B. 2.5
C. 2.85
D. 2.2

Ex. _B,A,D,C_

1. _______
2. _______
3. _______
4. _______
5. _______
6. _______
7. _______
8. _______
9. _______
10. _______
11. _______
12. _______
13. _______
14. _______
15. _______
16. _______
17. _______
18. _______
19. _______
20. _______

Lösungsschlüssel

1

1. 1/2	11. 0
2. 0	12. 1
3. 0	13. 0
4. 1	14. 0
5. 1/2	15. 1
6. 1/2	16. 0
7. 1/2	17. 1
8. 1	18. 0
9. 1/2	19. 1/2
10. 1	20. 1

2

1. 1/2	11. 1/2
2. 1	12. 1
3. 1	13. 0
4. 1	14. 0
5. 1	15. 0
6. 0	16. 1/2
7. 1	17. 1/2
8. 1/2	18. 1
9. 1/2	19. 0
10. 0	20. 1/2

3

1. 0	11. 1
2. 1	12. 0
3. 1/2	13. 1/2
4. 1	14. 1
5. 0	15. 1/2
6. 1	16. 1/2
7. 0	17. 0
8. 1/2	18. 1
9. 0	19. 1
10. 1/2	20. 1/2

4

1. 1/2	11. 1
2. 1	12. 1/2
3. 1	13. 0
4. 0	14. 1/2
5. 1/2	15. 0
6. 0	16. 1
7. 0	17. 1/2
8. 1	18. 0
9. 0	19. 1/2
10. 1	20. 1/2

5

1.	1/2	11.	1
2.	1	12.	1/2
3.	1	13.	1
4.	1	14.	0
5.	0	15.	1/2
6.	1/2	16.	0
7.	0	17.	1
8.	1/2	18.	0
9.	1	19.	0
10.	1/2	20.	1/2

6

1.	1/2	11.	1
2.	0	12.	1
3.	0	13.	0
4.	1/2	14.	1/2
5.	1/2	15.	0
6.	1	16.	0
7.	1	17.	1
8.	1/2	18.	1
9.	1/2	19.	0
10.	1/2	20.	1

7

1.	1/2	11.	0
2.	0	12.	1
3.	0	13.	1
4.	1	14.	1/2
5.	1/2	15.	1
6.	0	16.	1/2
7.	1/2	17.	0
8.	1	18.	1
9.	1	19.	1/2
10.	0	20.	1/2

8

1.	0	11.	1/2
2.	0	12.	0
3.	1/2	13.	1
4.	1	14.	0
5.	1/2	15.	0
6.	1/2	16.	1/2
7.	1	17.	1
8.	1/2	18.	0
9.	1	19.	1/2
10.	1	20.	0

9

1.	0	11.	1/2
2.	1/2	12.	1
3.	0	13.	0
4.	1/2	14.	1/2
5.	0	15.	1
6.	1	16.	0
7.	1	17.	0
8.	1/2	18.	0
9.	1/2	19.	1
10.	1	20.	1/2

10

1.	1/2	11.	0
2.	1	12.	1/2
3.	0	13.	1
4.	1	14.	0
5.	1	15.	1
6.	0	16.	1/2
7.	1/2	17.	1
8.	0	18.	1
9.	1/2	19.	1/2
10.	0	20.	0

11

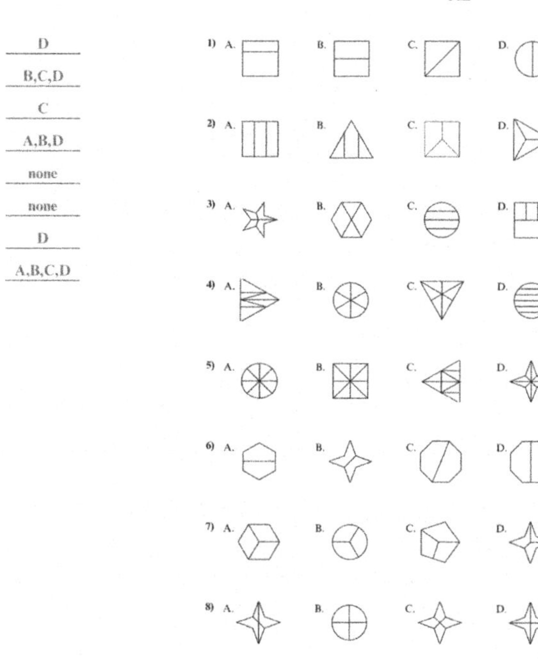

1.	D
2.	B,C,D
3.	C
4.	A,B,D
5.	none
6.	none
7.	D
8.	A,B,C,D

12

1.	B,C,D
2.	A,D
3.	none
4.	B,C
5.	A,B,C,D
6.	A,B,C,D
7.	A,B
8.	B,C,D

13

1.	A,D	
2.	A,B,C,D	
3.	none	
4.	A,C	
5.	A,B,C	
6.	A,B,C,D	
7.	none	
8.	A,B,C,D	

14

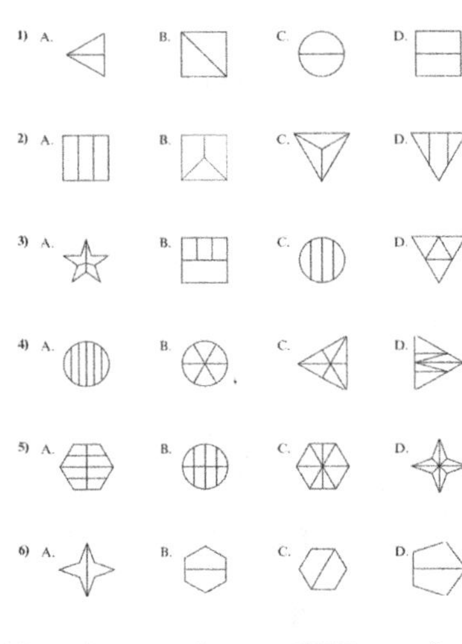

1.	A,B,C,D
2.	A,C
3.	D
4.	B,C
5.	D
6.	A,B,C,D
7.	none
8.	A,B,C,D

15

1.	C
2.	A,B,C
3.	A,B,D
4.	A,B,C,D
5.	A,C
6.	none
7.	none
8.	C

16

1.	A,B,C,D
2.	C
3.	C,D
4.	A,B,C,D
5.	D
6.	B,D
7.	B,C
8.	A,B,C

17

#	Answer
1.	B
2.	A,B,C,D
3.	A,B,C
4.	A,B,C,D
5.	A
6.	none
7.	none
8.	A,D

18

#	Answer
1.	A,B,C
2.	none
3.	A,B,C,D
4.	C
5.	B,C
6.	A,B,C,D
7.	A,B,C,D
8.	A,B,C,D

19

#	Answer
1.	A,B,C,D
2.	none
3.	A
4.	A,B,D
5.	D
6.	A,D
7.	A,B,C,D
8.	A,B,C

20

#	Answer
1.	B
2.	A,D
3.	none
4.	none
5.	B,C,D
6.	A
7.	none
8.	A,B,D

1.	3/8	11.	5/8
2.	1/8	12.	2/4
3.	4/8	13.	3/6
4.	7/8	14.	4/6
5.	2/8	15.	1/2
6.	5/6	16.	6/8
7.	1/4	17.	2/3
8.	1/3	18.	2/6
9.	3/4		
10.	1/6		

1.	3/6	11.	2/6
2.	1/2	12.	2/8
3.	4/6	13.	1/6
4.	2/3	14.	1/8
5.	3/8	15.	5/6
6.	1/3	16.	2/4
7.	4/8	17.	5/8
8.	6/8	18.	3/4
9.	1/4		
10.	7/8		

1.	3/4	11.	7/8
2.	3/6	12.	4/6
3.	1/3	13.	5/8
4.	1/4	14.	2/6
5.	1/6	15.	1/8
6.	3/8	16.	2/3
7.	1/2	17.	2/8
8.	6/8	18.	2/4
9.	4/8		
10.	5/6		

1.	1/3	11.	2/8
2.	1/4	12.	5/6
3.	3/4	13.	4/8
4.	2/6	14.	7/8
5.	6/8	15.	4/6
6.	3/8	16.	1/8
7.	5/8	17.	2/4
8.	2/3	18.	3/6
9.	1/6		
10.	1/2		

25

1. 7/8
2. 1/8
3. 3/4
4. 4/8
5. 1/2
6. 2/3
7. 6/8
8. 4/6
9. 1/6
10. 5/8
11. 5/6
12. 2/8
13. 1/4
14. 3/8
15. 2/4
16. 3/6
17. 2/6
18. 1/3

26

1. 1/6
2. 2/8
3. 4/8
4. 6/8
5. 7/8
6. 3/4
7. 5/6
8. 2/6
9. 1/8
10. 4/6
11. 1/2
12. 3/6
13. 1/4
14. 2/4
15. 5/8
16. 3/8
17. 2/3
18. 1/3

27

1. 7/8
2. 4/6
3. 2/4
4. 2/3
5. 3/4
6. 2/8
7. 1/3
8. 1/8
9. 1/4
10. 1/6
11. 5/6
12. 1/2
13. 4/8
14. 3/6
15. 6/8
16. 5/8
17. 2/6
18. 3/8

28

1. 2/4
2. 2/8
3. 3/8
4. 3/4
5. 1/3
6. 2/6
7. 1/4
8. 3/6
9. 4/6
10. 1/6
11. 5/8
12. 1/2
13. 2/3
14. 1/8
15. 5/6
16. 7/8
17. 6/8
18. 4/8

29

1.	5/6	11.	1/8
2.	4/6	12.	4/8
3.	1/3	13.	6/8
4.	2/6	14.	3/4
5.	5/8	15.	1/2
6.	2/4	16.	3/8
7.	2/8	17.	1/4
8.	1/6	18.	2/3
9.	7/8		
10.	3/6		

30

1.	1/4	11.	5/8
2.	6/8	12.	3/4
3.	3/6	13.	3/8
4.	1/8	14.	2/3
5.	4/8	15.	7/8
6.	2/6	16.	1/3
7.	1/2	17.	1/6
8.	5/6	18.	2/8
9.	2/4		
10.	4/6		

31

1) 1.41 $=$ 1.41
2) -7.3 $>$ -7.34
3) 1.87 $>$ 0.187
4) -6.54 $>$ -6.56
5) 7.48 $>$ 7.42
6) -0.64 $<$ -0.064
7) -7.09 $>$ -7.13
8) -9.8 $>$ -9.85
9) -4.37 $>$ -4.39
10) 10 $>$ 1
11) 7.8 $>$ 7.79
12) 4.05 $>$ 0.405
13) -7.77 $<$ -0.777
14) 1.29 $>$ 1.25
15) -5.14 $=$ -5.14
16) 7.07 $>$ 0.707
17) 0.57 $>$ 0.53
18) 1.45 $>$ 0.145
19) -2.96 $<$ -0.296
20) -3.36 $>$ -3.37

32

1) -9.61 $<$ -0.961
2) -6.5 $<$ -0.65
3) -5.16 $>$ -5.18
4) -2.24 $=$ -2.24
5) 0.86 $>$ 0.086
6) 8.23 $>$ 0.823
7) 1.06 $<$ 1.14
8) 5.35 $<$ 5.42
9) 3.37 $>$ 0.337
10) -0.49 $>$ -0.51
11) 5.7 $>$ 5.68
12) -3.74 $>$ -3.75
13) -0.4 $<$ -0.04
14) 7.19 $<$ 7.23
15) 2.04 $<$ 2.08
16) -9.82 $<$ -0.982
17) 6.35 $>$ 6.29
18) -9.46 $<$ -0.946
19) 3.32 $<$ 3.35
20) -8.52 $>$ -8.59

33

1) 6.23 < 6.26

2) -5.11 < -0.511

3) 8.7 > 0.87

4) 0.39 > 0.039

5) -2.62 < -0.262

6) -4.22 < -4.15

7) 9.9 = 9.9

8) 0.41 = 0.41

9) 2 > 0.2

10) -2.47 > -2.51

11) 5.15 > 5.12

12) 4.88 > 0.488

13) 8.48 < 8.56

14) -6.55 > -6.57

15) -3.22 = -3.22

16) -2.96 < -0.296

17) -9.09 > -9.12

18) -0.46 < -0.38

19) -6.59 > -6.67

20) 2.17 > 0.217

34

1) -5.01 < -4.99

2) -6.89 < -0.689

3) 2.97 > 2.95

4) 7.88 > 0.788

5) 7.38 > 7.35

6) -0.87 < -0.087

7) 3.68 > 0.368

8) 8.35 = 8.35

9) 8.72 > 0.872

10) 3.56 < 3.58

11) 8.57 > 8.55

12) -1.45 < -0.145

13) -3.13 < -0.313

14) -6.81 > -6.82

15) 8.38 > 8.37

16) -8.46 > -8.54

17) -0.68 < -0.67

18) 7.4 > 0.74

19) -5.79 < -5.71

20) -5.73 < -5.71

35

1) -5.31 < -5.3

2) 5.99 > 5.94

3) -0.88 < -0.088

4) 3.77 > 0.377

5) 2.73 < 2.75

6) 6.12 < 6.15

7) 9.51 > 9.48

8) 5.43 > 5.4

9) -2.14 < -0.214

10) 7.87 > 0.787

11) -4.57 < -0.457

12) 9.66 = 9.66

13) -8.68 < -8.66

14) -2.28 < -0.228

15) 1.27 > 0.127

16) -2.25 > -2.31

17) -4.37 > -4.4

18) 5.18 > 5.14

19) -9.92 < -9.9

20) -3.59 < -0.359

36

1) 5.81 > 5.8

2) 6.07 > 6.02

3) -4.62 < -4.54

4) 4.08 < 4.14

5) 2.6 > 0.26

6) -0.42 < -0.38

7) -8.56 < -0.856

8) -2.67 < -2.63

9) 0.71 > 0.071

10) -8.74 < -8.69

11) -6.14 < -0.614

12) 5.21 > 5.13

13) 3.92 > 0.392

14) -8.38 < -0.838

15) 2.24 < 2.28

16) 1.12 > 0.112

17) -4.27 < -0.427

18) -9.66 > -9.7

19) -5.24 > -5.25

20) 3.56 < 3.58

37

1) -7.27 $<$ -7.21

2) 7.25 $<$ 7.3

3) -4.05 $>$ -4.07

4) -9.5 $<$ -9.49

5) 2.31 $<$ 2.37

6) 4.2 $>$ 0.42

7) 0.24 $>$ 0.024

8) 2.22 $<$ 2.29

9) 4.17 $>$ 0.417

10) -3.32 $<$ -3.29

11) -5.22 $>$ -5.24

12) 5.37 $<$ 5.39

13) -5.67 $<$ -0.567

14) 2.95 $>$ 2.94

15) -2.22 $<$ -0.222

16) 6.81 $>$ 0.681

17) -8.11 $<$ -0.811

18) -0.23 $<$ -0.023

19) -6.35 $>$ -6.41

20) 3.44 $<$ 3.51

38

1) -6.89 $>$ -6.9

2) -1.49 $<$ -0.149

3) 7.89 $>$ 7.85

4) 8.11 $>$ 0.811

5) -1.17 $<$ -1.16

6) 6.57 $>$ 6.56

7) -7.24 $<$ -7.2

8) 7.71 $>$ 0.771

9) -5.13 $>$ -5.19

10) -8.99 $<$ -8.96

11) 3.72 $>$ 0.372

12) -7.37 $>$ -7.4

13) 4.05 $<$ 4.09

14) -3.46 $<$ -0.346

15) 5.12 $>$ 0.512

16) 2.57 $>$ 2.51

17) 8.78 $>$ 8.71

18) -9.03 $<$ -0.903

19) 8.34 $>$ 0.834

20) -8.14 $>$ -8.17

39

1) 0.95 $<$ 1.01

2) 8.85 $>$ 8.77

3) -5.49 $<$ -0.549

4) -4.45 $<$ -0.445

5) 7.79 $<$ 7.84

6) -3.03 $<$ -2.95

7) -8.38 $<$ -0.838

8) 1.87 $>$ 0.187

9) 3.18 $>$ 0.318

10) 9.08 $<$ 9.13

11) -8.59 $<$ -0.859

12) 5.11 $>$ 5.1

13) -5.94 $<$ -5.91

14) 6 $>$ 0.6

15) 8.19 $<$ 8.24

16) -3.57 $<$ -3.56

17) -3.33 $<$ -3.26

18) 7.7 $>$ 0.77

19) -5.59 $<$ -5.54

20) -5.67 $>$ -5.68

40

1) 5.53 $<$ 5.54

2) -5.78 $>$ -5.83

3) 3.5 $>$ 0.35

4) 9.65 $=$ 9.65

5) -7.41 $<$ -7.39

6) -8.97 $<$ -8.89

7) -2.24 $<$ -2.2

8) 8.2 $>$ 0.82

9) -3.03 $<$ -0.303

10) 3.58 $>$ 0.358

11) -8.94 $>$ -8.96

12) 4.66 $>$ 4.65

13) -3.85 $<$ -3.83

14) -2.48 $>$ -2.52

15) 9.03 $<$ 9.07

16) -3.04 $>$ -3.1

17) -8.25 $<$ -0.825

18) 5.4 $>$ 0.54

19) 8.4 $>$ 0.84

20) 1.33 $>$ 0.133

41

96.85 - 43.27 **53.58**	59.82 - 31.65 **28.17**	48.69 - 12.39 **36.30**	69.49 +28.69 **98.18**	75.83 - 37.85 **37.98**
51.82 +89.68 **141.50**	89.89 - 65.33 **24.56**	97.98 - 92.53 **5.45**	99.29 +82.34 **181.63**	30.41 +72.17 **102.58**
62.14 +98.16 **160.30**	38.25 +57.81 **96.06**	72.39 +82.36 **154.75**	98.32 - 37.92 **60.40**	57.78 +69.39 **127.17**
22.39 +54.69 **77.08**	45.48 - 17.85 **27.63**	56.34 - 51.58 **4.76**	48.56 - 40.77 **7.79**	79.93 +25.38 **105.31**

42

63.55 - 23.41 **40.14**	88.98 +87.88 **176.86**	85.49 +46.31 **131.80**	94.17 +97.63 **191.80**	19.38 - 15.57 **3.81**
37.72 +57.63 **95.35**	83.37 - 56.74 **26.63**	68.84 - 52.56 **16.28**	90.82 - 84.34 **6.48**	47.37 +27.24 **74.61**
62.32 - 37.28 **25.04**	87.87 - 85.33 **2.54**	70.94 +44.75 **115.69**	57.22 - 41.42 **15.80**	10.95 +84.69 **95.64**
74.14 - 53.23 **20.91**	62.72 +42.67 **105.39**	86.42 +87.81 **174.23**	19.34 +57.83 **77.17**	43.15 - 14.77 **28.38**

43

89.29 - 38.61 **50.68**	89.99 - 70.45 **19.54**	83.97 +15.35 **99.32**	94.51 - 33.26 **61.25**	51.76 +75.97 **127.73**
85.88 +93.66 **179.54**	17.78 - 16.41 **1.37**	29.73 +35.12 **64.85**	40.16 - 26.24 **13.92**	52.78 +52.31 **105.09**
56.11 +63.91 **120.02**	81.85 +20.83 **102.68**	47.18 +27.66 **74.84**	42.75 +87.35 **130.10**	33.66 - 12.92 **20.74**
27.11 - 12.63 **14.48**	46.66 - 15.86 **30.80**	68.57 - 52.25 **16.32**	70.61 +28.14 **98.75**	34.48 - 29.79 **4.69**

44

49.13 - 17.43 **31.70**	92.62 - 36.71 **55.91**	75.48 - 13.94 **61.54**	86.58 - 14.23 **72.35**	79.11 +35.41 **114.52**
97.12 - 80.56 **16.56**	45.35 - 10.52 **34.83**	98.94 - 16.97 **81.97**	60.51 +45.54 **106.05**	46.35 +81.55 **127.90**
28.99 +50.33 **79.32**	90.62 - 81.35 **9.27**	12.82 +32.78 **45.60**	34.54 +46.98 **81.52**	92.99 - 40.97 **52.02**
62.71 +81.93 **144.64**	88.92 +50.61 **139.53**	65.43 - 63.44 **1.99**	84.33 +53.74 **138.07**	71.64 +10.25 **81.89**

45

32.24	19.47	37.55	24.21	66.43
+27.92	+48.53	+79.15	+84.35	- 48.78
60.16	68.00	116.70	108.56	17.65

42.83	11.12	91.98	82.12	54.16
- 38.11	+12.16	- 41.27	- 11.42	+75.56
4.72	23.28	50.71	70.70	129.72

71.54	65.94	60.27	97.36	61.71
+20.66	+24.13	+76.57	- 35.79	- 23.77
92.20	90.07	136.84	61.57	37.94

34.48	57.19	79.25	56.45	80.86
- 10.83	- 34.28	- 42.14	- 15.92	+92.15
23.65	22.91	37.11	40.53	173.01

46

61.46	84.19	18.68	99.87	14.91
- 24.32	- 64.18	+50.36	+68.25	+62.58
37.14	20.01	69.04	168.12	77.49

73.98	45.51	79.31	25.51	35.15
- 20.89	- 25.29	+36.97	+96.36	+72.83
53.09	20.22	116.28	121.87	107.98

73.61	74.77	82.38	86.19	60.24
- 36.48	- 11.38	+93.62	- 67.43	- 52.17
37.13	63.39	176.00	18.76	8.07

63.57	74.11	63.24	48.42	71.32
+96.15	- 70.59	- 44.68	+64.58	+57.77
159.72	3.52	18.56	113.00	129.09

47

53.65	75.69	65.32	75.82	23.82
+71.28	- 72.24	+29.12	- 53.66	- 15.68
124.93	3.45	94.44	22.16	8.14

32.34	31.26	92.45	79.76	66.23
- 24.32	+52.31	- 76.72	+50.65	- 35.51
8.02	83.57	15.73	130.41	30.72

98.64	27.63	81.12	34.43	85.88
- 87.48	+98.63	- 23.19	- 24.73	+77.62
11.16	126.26	57.93	9.70	163.50

19.33	76.68	85.19	87.77	47.65
+75.93	+80.51	- 39.67	+27.92	+96.92
95.26	157.19	45.52	115.69	144.57

48

39.31	52.88	68.59	25.57	61.28
+80.49	+45.36	- 31.67	- 23.38	+68.17
119.80	98.24	36.92	2.19	129.45

68.11	80.81	58.45	90.46	49.29
+26.19	+74.73	+88.63	- 74.64	- 14.57
94.30	155.54	147.08	15.82	34.72

39.59	52.31	65.36	66.17	79.43
- 14.19	- 20.96	+71.24	+99.15	+91.94
25.40	31.35	136.60	165.32	171.37

78.67	43.46	44.67	98.77	88.25
+26.83	- 21.68	- 43.86	- 62.22	- 22.12
105.50	21.78	0.81	36.55	66.13

49

58.96 - 18.24 **40.72**	25.47 +46.16 **71.63**	82.41 - 69.42 **12.99**	65.81 - 47.88 **17.93**	20.84 +20.23 **41.07**
16.58 - 11.69 **4.89**	12.45 +90.75 **103.20**	58.42 - 49.49 **8.93**	41.41 +46.74 **88.15**	94.12 +92.92 **187.04**
52.83 +80.94 **133.77**	89.79 - 73.56 **16.23**	44.78 - 26.69 **18.09**	91.62 - 73.27 **18.35**	11.63 +46.26 **57.89**
65.73 +66.57 **132.30**	80.12 - 52.22 **27.90**	74.69 - 10.11 **64.58**	60.42 +36.38 **96.80**	57.51 +23.15 **80.66**

50

85.83 +15.92 **101.75**	32.57 +72.96 **105.53**	85.91 +55.29 **141.20**	63.51 - 44.57 **18.94**	60.88 - 24.79 **36.09**
80.41 +79.58 **159.99**	24.78 - 16.31 **8.47**	69.58 - 54.92 **14.66**	32.93 - 24.64 **8.29**	98.55 - 28.48 **70.07**
81.25 +29.36 **110.61**	30.32 - 21.22 **9.10**	22.89 +72.97 **95.86**	97.62 - 72.44 **25.18**	82.96 +95.69 **178.65**
56.65 - 21.93 **34.72**	38.91 +76.55 **115.46**	32.85 +30.81 **63.66**	86.45 - 57.85 **28.60**	91.36 +18.14 **109.50**

51

Ex) A. 34
B. 33.85
C. 33.22
D. 33.8

1) A. 73.96
B. 73.5
C. 73.4
D. 73.1

2) A. 3.29
B. 3.55
C. 3.6
D. 3.86

3) A. 4.19
B. 4.27
C. 4.6
D. 5

4) A. 5.7
B. 5.2
C. 5.6
D. 5.25

5) A. 22.4
B. 22.8
C. 22.3
D. 22.91

6) A. 11.59
B. 11.46
C. 12
D. 11.6

7) A. 8
B. 7.96
C. 7.35
D. 7.63

8) A. 3
B. 2.57
C. 2.9
D. 2.2

9) A. 9.17
B. 9.5
C. 9.9
D. 10

10) A. 75.6
B. 75.9
C. 75.8
D. 75.22

11) A. 83.11
B. 83.6
C. 83.16
D. 83.4

12) A. 3.8
B. 4
C. 3.86
D. 3.9

13) A. 72.5
B. 72.59
C. 72.4
D. 72.3

14) A. 44.9
B. 44.5
C. 44.53
D. 44

15) A. 4.2
B. 5
C. 4.99
D. 4.22

16) A. 7.3
B. 7.01
C. 8
D. 7.8

17) A. 3.68
B. 3.5
C. 3.7
D. 3.88

18) A. 14.62
B. 14.5
C. 14.87
D. 14.76

19) A. 65.8
B. 66
C. 65.2
D. 65.7

20) A. 2.25
B. 2.52
C. 2.2
D. 2.1

Ex. C,D,B,A
1. D,C,B,A
2. A,B,C,D
3. A,B,C,D
4. B,D,C,A
5. C,A,B,D
6. B,A,D,C
7. C,D,B,A
8. D,B,C,A
9. A,B,C,D
10. D,A,C,B
11. A,C,D,B
12. A,C,D,B
13. D,C,A,B
14. D,B,C,A
15. A,D,C,B
16. B,A,D,C
17. B,A,C,D
18. B,A,D,C
19. C,D,A,B
20. D,C,A,B

52

Ex) A. 93.56
B. 94
C. 93.73
D. 93.2

1) A. 64.2
B. 64.8
C. 64.15
D. 64.84

2) A. 53.4
B. 53.22
C. 53.67
D. 53.42

3) A. 4.7
B. 5
C. 4.9
D. 4.56

4) A. 9.2
B. 9.18
C. 9
D. 9.7

5) A. 6.6
B. 6.29
C. 6.4
D. 6.17

6) A. 5.1
B. 5.4
C. 5.9
D. 5.5

7) A. 10.41
B. 10.4
C. 10.46
D. 10

8) A. 8.9
B. 8.48
C. 8.4
D. 8.7

9) A. 84.67
B. 84.42
C. 84.4
D. 84

10) A. 87.8
B. 88
C. 87.62
D. 87.6

11) A. 90
B. 89.9
C. 89.49
D. 89.5

12) A. 3.42
B. 3
C. 3.8
D. 3.94

13) A. 3.94
B. 3.48
C. 3.8
D. 3.84

14) A. 1
B. 1.27
C. 1.3
D. 1.2

15) A. 8.75
B. 8.48
C. 8.6
D. 8.9

16) A. 49.9
B. 49.22
C. 49.2
D. 49.61

17) A. 96.34
B. 96
C. 96.4
D. 96.9

18) A. 73
B. 72.59
C. 72.99
D. 72.86

19) A. 9.78
B. 9.43
C. 10
D. 9.7

20) A. 3
B. 2.2
C. 2.5
D. 2.42

Ex. D,A,C,B
1. C,A,B,D
2. B,A,D,C
3. D,A,C,B
4. C,B,A,D
5. D,B,C,A
6. A,B,D,C
7. D,B,A,C
8. C,B,D,A
9. D,C,B,A
10. D,C,A,B
11. C,D,B,A
12. B,A,C,D
13. B,C,D,A
14. A,D,B,C
15. B,C,A,D
16. C,B,D,A
17. B,A,C,D
18. B,D,C,A
19. B,D,A,C
20. B,D,C,A

53

Ex) A. 4.77 / B. 4.62 / C. 5 / D. 4.1
1) A. 76.57 / B. 77 / C. 76.6 / D. 76.66
2) A. 9.59 / B. 9.2 / C. 9.58 / D. 9.92
3) A. 39.9 / B. 39.17 / C. 39.26 / D. 39.56
4) A. 28.4 / B. 28.1 / C. 29 / D. 28.24
5) A. 5.58 / B. 5.5 / C. 5.62 / D. 5.7
6) A. 54.4 / B. 54.52 / C. 54.45 / D. 54.7
7) A. 54.68 / B. 54.3 / C. 54.04 / D. 54.5
8) A. 8.84 / B. 8.59 / C. 8.1 / D. 8.4
9) A. 7.18 / B. 7.7 / C. 7.79 / D. 7.1
10) A. 59.75 / B. 59.3 / C. 59.6 / D. 59.49
11) A. 96.78 / B. 96.55 / C. 96.8 / D. 96.6
12) A. 6.12 / B. 6.2 / C. 6.8 / D. 6.17
13) A. 5.2 / B. 5.15 / C. 5.45 / D. 5.52
14) A. 75 / B. 74.45 / C. 74.44 / D. 74.59
15) A. 85.5 / B. 85.4 / C. 85.01 / D. 85.79
16) A. 6.48 / B. 6.67 / C. 6.7 / D. 6.27
17) A. 6.32 / B. 6.3 / C. 6.18 / D. 6
18) A. 9.3 / B. 9.66 / C. 9.58 / D. 10
19) A. 2.31 / B. 2.4 / C. 2.32 / D. 2.1
20) A. 3.7 / B. 3.72 / C. 3.6 / D. 3.2

Ex. D,B,A,C
1. A,C,D,B
2. B,C,A,D
3. B,C,D,A
4. B,D,A,C
5. B,A,C,D
6. A,C,B,D
7. C,B,D,A
8. C,D,B,A
9. D,A,B,C
10. B,D,C,A
11. B,D,A,C
12. A,D,B,C
13. B,A,C,D
14. C,B,D,A
15. C,B,A,D
16. D,A,B,C
17. D,C,B,A
18. A,C,B,D
19. D,A,C,B
20. D,C,A,B

54

Ex) A. 51.9 / B. 52 / C. 51.13 / D. 51.7
1) A. 6.73 / B. 7 / C. 6.45 / D. 6.5
2) A. 59.6 / B. 59.03 / C. 59.7 / D. 59.17
3) A. 21.4 / B. 21.49 / C. 21 / D. 21.89
4) A. 91.72 / B. 91.9 / C. 92 / D. 91.58
5) A. 7.8 / B. 7 / C. 7.88 / D. 7.44
6) A. 23.18 / B. 23.53 / C. 23.48 / D. 23.9
7) A. 42.64 / B. 42.6 / C. 42.3 / D. 42.42
8) A. 5.74 / B. 6 / C. 5.88 / D. 5.82
9) A. 30 / B. 30.13 / C. 30.4 / D. 30.3
10) A. 48.3 / B. 48.94 / C. 48.4 / D. 48
11) A. 2.7 / B. 2.8 / C. 2.3 / D. 2.82
12) A. 47.5 / B. 47.7 / C. 48 / D. 47.53
13) A. 37.05 / B. 37.9 / C. 37.72 / D. 37.4
14) A. 2.5 / B. 2.2 / C. 2.93 / D. 2.83
15) A. 64 / B. 63.36 / C. 63.3 / D. 63.4
16) A. 11.05 / B. 11.56 / C. 12 / D. 11.54
17) A. 90.98 / B. 91 / C. 90.54 / D. 90.1
18) A. 7.7 / B. 8 / C. 7.41 / D. 7.92
19) A. 9.48 / B. 9.56 / C. 9.4 / D. 9.2
20) A. 63.95 / B. 63.3 / C. 63.7 / D. 63.1

Ex. C,D,A,B
1. C,D,A,B
2. B,D,A,C
3. C,A,B,D
4. D,A,B,C
5. B,D,A,C
6. A,C,B,D
7. C,D,B,A
8. A,D,C,B
9. A,B,D,C
10. D,A,C,B
11. C,A,B,D
12. A,D,B,C
13. A,D,C,B
14. B,A,D,C
15. C,B,D,A
16. A,D,B,C
17. D,C,A,B
18. C,A,D,B
19. D,C,A,B
20. D,B,C,A

55

Ex) A. 68.1 / B. 68.47 / C. 68.4 / D. 68.43
1) A. 7 / B. 7.4 / C. 7.35 / D. 7.5
2) A. 89.95 / B. 89.8 / C. 89.4 / D. 89.37
3) A. 1.87 / B. 1.9 / C. 1.3 / D. 2
4) A. 96.8 / B. 96.81 / C. 96.5 / D. 97
5) A. 4.17 / B. 4.93 / C. 4.8 / D. 4.7
6) A. 2.18 / B. 2.02 / C. 2.7 / D. 2.38
7) A. 66.26 / B. 66.5 / C. 66.61 / D. 67
8) A. 37.3 / B. 37.58 / C. 38 / D. 37.22
9) A. 62 / B. 61.9 / C. 61.85 / D. 61.6
10) A. 38.89 / B. 38 / C. 38.8 / D. 38.08
11) A. 46 / B. 46.59 / C. 46.93 / D. 46.89
12) A. 90.1 / B. 90.2 / C. 90.4 / D. 90.63
13) A. 2 / B. 2.83 / C. 2.2 / D. 2.3
14) A. 24.9 / B. 24 / C. 24.33 / D. 24.5
15) A. 97.21 / B. 97.42 / C. 97.4 / D. 97
16) A. 26 / B. 25.74 / C. 25.9 / D. 25.1
17) A. 74.3 / B. 74.7 / C. 74.9 / D. 74.73
18) A. 3.9 / B. 3 / C. 3.3 / D. 3.1
19) A. 8.9 / B. 8 / C. 8.54 / D. 8.51
20) A. 4.12 / B. 4.3 / C. 4.93 / D. 4.1

Ex. A,C,D,B
1. A,C,B,D
2. D,C,B,A
3. C,A,B,D
4. C,A,B,D
5. A,D,C,B
6. B,A,D,C
7. A,B,C,D
8. D,A,B,C
9. D,C,B,A
10. B,D,C,A
11. A,B,D,C
12. A,B,C,D
13. A,C,D,B
14. B,C,D,A
15. D,A,C,B
16. D,B,C,A
17. A,B,D,C
18. B,D,C,A
19. B,D,C,A
20. D,A,B,C

56

Ex) A. 39.53 / B. 39.3 / C. 39.22 / D. 39.9
1) A. 3.9 / B. 3.95 / C. 3.7 / D. 3.74
2) A. 20.19 / B. 20 / C. 20.4 / D. 20.6
3) A. 3.4 / B. 3 / C. 3.24 / D. 3.9
4) A. 36.8 / B. 36.1 / C. 36.23 / D. 37
5) A. 1.3 / B. 1.37 / C. 1.5 / D. 1.2
6) A. 27.42 / B. 27.88 / C. 27.7 / D. 27
7) A. 2.55 / B. 2.6 / C. 2.3 / D. 2.67
8) A. 55.6 / B. 55.56 / C. 55.8 / D. 55.2
9) A. 6.59 / B. 7 / C. 6.6 / D. 6.5
10) A. 26.1 / B. 26.86 / C. 26.51 / D. 26.3
11) A. 46.6 / B. 46.19 / C. 46.8 / D. 47
12) A. 7.4 / B. 7.3 / C. 7.5 / D. 7.19
13) A. 8.23 / B. 8.7 / C. 8 / D. 8.4
14) A. 9 / B. 8.99 / C. 8.61 / D. 8.64
15) A. 7.9 / B. 7.2 / C. 7.04 / D. 7.73
16) A. 28.8 / B. 28.6 / C. 28.5 / D. 28.9
17) A. 30.2 / B. 30.37 / C. 30.82 / D. 30.71
18) A. 60.3 / B. 61 / C. 60.5 / D. 60.71
19) A. 61.9 / B. 61.59 / C. 61.84 / D. 61.91
20) A. 7.6 / B. 7.47 / C. 7 / D. 7.8

Ex. C,B,A,D
1. C,D,A,B
2. B,A,C,D
3. B,C,A,D
4. B,C,A,D
5. D,A,B,C
6. D,A,C,B
7. C,A,B,D
8. D,B,A,C
9. D,A,C,B
10. A,D,C,B
11. B,A,C,D
12. D,B,A,C
13. C,A,D,B
14. C,D,B,A
15. C,B,D,A
16. C,B,A,D
17. A,B,D,C
18. A,C,D,B
19. B,C,A,D
20. C,B,A,D

57

#	A	B	C	D	Answer
Ex)	5.17	5.95	6	5.9	A,D,B,C
1)	23.3	23.4	23.9	23.26	D,A,B,C
2)	7.5	7.65	7.97	7.14	D,A,B,C
3)	18.41	18.83	19	18.5	A,D,B,C
4)	14.36	14.4	14.86	14.7	A,B,D,C
5)	62.24	62.49	62.4	62.7	A,C,B,D
6)	1.72	1.74	1.52	1.36	D,C,A,B
7)	2.5	2.4	2.12	2.7	C,B,A,D
8)	73.75	73.2	74	73.17	D,B,A,C
9)	3.42	3.7	3.2	4	C,A,B,D
10)	19.18	19.2	19.42	19	D,A,B,C
11)	29	28.26	28.5	28.7	B,C,D,A
12)	97.6	97.52	97.95	97.7	B,A,D,C
13)	9	8.3	8.7	8.99	B,C,D,A
14)	50	49.4	49.83	49.5	B,D,C,A
15)	29.92	30	29.7	29.5	D,C,A,B
16)	9.5	9.6	9.57	9.1	D,A,C,B
17)	3.6	3.3	3.39	3.8	B,C,A,D
18)	4.4	4.12	4.41	4.5	B,A,C,D
19)	24.92	24.4	24.28	24.3	C,D,B,A
20)	7.21	7.5	7.4	7	D,A,C,B

58

#	A	B	C	D	Answer
Ex)	68	67.3	67.6	67.89	B,C,D,A
1)	2.1	2.23	2.2	2.18	A,D,C,B
2)	1.61	1.57	2	1.19	D,B,A,C
3)	26.3	27	26.8	26.74	A,D,C,B
4)	15	15.65	15.26	15.3	A,C,D,B
5)	23.4	24	23.9	23.99	A,C,D,B
6)	6.54	6.62	6.9	6.5	D,A,B,C
7)	3	2.6	2.18	2.71	C,B,D,A
8)	88	87.81	87.86	87.54	D,B,C,A
9)	23.8	23	23.19	23.97	B,C,A,D
10)	71.57	71.49	71.1	71.79	C,B,A,D
11)	5.8	5.77	5	5.72	C,D,B,A
12)	57.99	57.4	57.3	57.6	C,B,D,A
13)	3.14	3	3.05	3.3	B,C,A,D
14)	36.17	36.52	36.6	36.67	A,B,C,D
15)	4.3	4.6	4	4.2	C,D,A,B
16)	62	61.89	61.86	61.74	D,C,B,A
17)	1.35	2	1.73	1.7	A,D,C,B
18)	27.2	27.38	27.41	27.68	A,B,C,D
19)	6.36	6.7	6.1	6.06	D,C,A,B
20)	1.67	1.15	2	1.7	B,A,D,C

59

#	A	B	C	D	Answer
Ex)	47.85	47.9	47.33	47.2	D,C,A,B
1)	1.1	1.7	1	1.2	C,A,D,B
2)	7.3	7.65	7.82	8	A,B,C,D
3)	4.6	4.48	5	4.4	D,B,A,C
4)	73.7	73	73.24	73.28	B,C,D,A
5)	1.8	2	1.23	1.3	C,D,A,B
6)	32	31.95	31.6	31.32	D,C,B,A
7)	73.2	73.46	73.6	73	D,A,B,C
8)	50.41	50.7	50.74	50.1	D,A,B,C
9)	7.9	7	7.64	7.86	B,C,D,A
10)	15.55	15.34	15.7	15.8	B,A,C,D
11)	41.53	41.5	41.22	41.82	C,B,A,D
12)	5.3	5.7	5.41	5	D,A,C,B
13)	6.5	6.03	6.84	6.51	B,A,D,C
14)	95.9	95.85	95.1	95.92	C,B,A,D
15)	34.53	34.4	34	34.35	C,D,B,A
16)	4.4	4.36	4.78	4.17	D,B,A,C
17)	1.2	1.1	1.98	2	B,A,C,D
18)	4.18	4.23	4.4	4.95	A,B,C,D
19)	3.53	3.4	3.78	4	B,A,C,D
20)	21.4	21	21.3	21.04	B,D,C,A

60

#	A	B	C	D	Answer
Ex)	8.6	8.41	9	8.88	B,A,D,C
1)	7.22	7.5	7.97	7.8	A,B,D,C
2)	3.57	3.12	4	3.54	B,D,A,C
3)	92.83	93	92.4	92.3	D,C,A,B
4)	24.01	24.27	24.91	24.1	A,D,B,C
5)	5.33	5.91	6	5.64	A,D,B,C
6)	5.6	5.43	5	5.5	C,B,D,A
7)	7.9	7.4	7.44	7.68	B,C,D,A
8)	6	5.88	5.6	5.7	C,D,B,A
9)	69.6	69.06	70	69.28	B,D,A,C
10)	18.93	18	18.32	18.1	B,D,C,A
11)	5.5	5.2	5.81	5	D,B,A,C
12)	13.67	13.39	13.8	13.7	B,A,D,C
13)	76.7	76.6	76.2	77	C,B,A,D
14)	6.1	6.27	6.72	6.6	A,B,D,C
15)	51.55	52	51.72	51.1	D,A,C,B
16)	87.5	87.4	87	87.61	C,B,A,D
17)	9.27	9.5	9.48	9.3	A,D,C,B
18)	64.14	64.1	64.23	64.78	B,A,C,D
19)	20.61	20.4	20.3	20.7	C,B,A,D
20)	3	2.5	2.85	2.2	D,B,C,A

Made in the USA
Monee, IL
07 July 2026

56545371R00046